벤처기업!

대기업과 손을 잡아라!

벤처기업의 정신과
대기업의 경영적
노하우의 협력

벤처기업!

Study on Interfirm Cooperation

대기업과 손을 잡아라!

■ 권기대 지음

한국학술정보[주]

WTO의 출범과 국가간 FTA의 체결은 그동안 보호된 국내시장의 빗장이 열리면서 글로벌 기업들과 우리나라 기업들이 치열한 국내시장 쟁탈전에 돌입하였다. 소비자 욕구의 다양화 및 고급화, 신기술의 제품수명단축, 기업들의 막대한 신제품개발비용의 부담 증가, 글로벌 기업들의 보유 기술 평준화와 기술이전 회피 등 불확실한 시장환경이 심화됨에 따라 특히 우리나라 경제성장의 한 축을 담당하였던 대기업들은 차입금융비용의 증가 및 문어발식 비관련다각화 그리고 규모에 집착한 저부가가치형 대량생산으로 수익의 악화를 초래하는 등 기존의 기업전략구조로 시장생존의 위기에 직면하게 된 것이다.

이에 정부의 기업정책은 대기업의 경쟁력 회복을 독려하는 한편 신성장 동력의 한축인 벤처기업들에게 경쟁력 강화를 주문하게 되었다. 유망 벤처기업들은 동태적인 시장환경에도 불구하고 독창적 기술개발과 틈새시장을 확보하였고, 작으면서 민첩한 동시에 자율적인 조직으로 실패에 대한 관대함을 갖고 글로벌 시장을 적극 공략하게 된 것이다. 다만 정부주도하에 급성장한 벤처기업들은 관리인프라 구축이 미흡하고, 수익 창출형 비즈니스모델이 불투명하며, 브랜드 및 유통마케팅능력과 조직력이 부족하여 경제적 불황기에 접어들 때 큰 시련을 겪을 수 있다.

기업간 협력은 글로벌 네트워크를 갖췄으나 골리앗 같은 비대한 조직으로 탄력성을 잃은 대기업의 경쟁력을 강화시킬 수 있는 전략과 벤처기업의 핵심역량 및 창조적인 도전정신에 따른 신속한 의사결정의 오류 극복 그리고 마케팅능력의 부족을 상호 보완하는 맥락에서 기업간 신뢰를 토대로 협력의 시너지효과를 획득하는 데 있다. 즉 벤처기업은 도전정신과 주도권을 장악하는 능력은 우수하나 조직화가 부족하여 기성세대의 반격에서 벗어날 필요성이 있고 대기업은 규율과 부가가치를 추구하는 데 비해 대기업병에 전염되기 쉬워 정예화된 인적자원의 이탈 가능성들을 극복해 보자는 것이다.

따라서 본서는 독자들에게 벤처기업이 왜 대기업과 손을 잡아야 하는가에 대해 다음과 같은 궁금증을 풀어줄 것이다.

- 벤처기업은 왜 대기업들과 손을 잡아야 하는가?
- 벤처기업이 대기업과 손을 잡을 때 어떤 이점이 있을까?
- 벤처기업의 대기업에 대한 협력의 본질은 무엇인가?
- 벤처기업의 대기업에 대한 성공적인 협력이란 어떤 것일까?

차 례

제1장 서 론

제1절 연구목적

우리나라의 벤처기업은 1997년 8월에 제정된 '벤처기업 육성에 관한 특별조치법'과 1997년 10월에 제정된 동법 시행령을 통해 벤처기업의 요건[1])을 자세하게 규정하고 있다. 벤처기업이란 '1인 또는 소수의 핵심적 기술창업인이 기술혁신의 개발아이디어를 상업화하기 위해 설립하는 신생기업'을 뜻하는 것으로 정의[2])할 수 있다.

---

1) 법령에 의하면 중소기업으로서 ① 벤처캐피탈 투자기업, ② 연구개발투자기업 ③ 신기술개발기업 ④ 우수창업기업의 범위 안에 드는 기업을 벤처기업으로 인정하고 있다. 각 분류별 인정범위는 다음과 같다. 첫째, 벤처캐피탈 투자기업은 창투사, 신기술금융사로부터 총주식의 10% 이상을 투자받은 기업과 전환사채를 포함할 경우 총주식의 20% 이상을 투자받은 기업, 둘째, 연구개발투자기업은 R&D투자비가 직전년도 총매출액의 5% 이상인 기업, 셋째, 신기술개발기업은 특허, 실용신안이나 정부지원 신기술과 외국에서 도입한 고도기술에 의한 매출액이 총매출액의 50%, 수출이 25%에 해당하는 기업, 넷째, 우수창업기업은 정부나 산하기관 평가에서 기술성, 사업성이 우수하다고 인증을 받은 기업 등을 말한다.

2) 현재 벤처기업의 요람지인 미국의 경우 중소기업투자법에 벤처기업의 성격을 규정해 놓고 있다. 즉 "위험성이 크나 성공할 경우 높은 기대수익이 예상되는 신기술 또는 아이디어를 독립 기반 위에서 영위하는 신생기업(new business with high risk high return)"이라고 정의한다. 일본은 '중소기업의 창조적 사업촉진에 관한 임시조치법'에서 "중소기업으로서 R&D투자 비율이 매출액의 3% 이상인 기업, 창업 후 5년 미만인 기업"을 말하며, OECD는 "R&D의 집중도가 높은 기업" 또는 "기술혁신이나 기술적 우월성이 성공의 주요 요인인 기업"으로 정의하고 있다. 한편 우리나라 학계에서 벤처기업에 대한 정의를 살펴보면, 소수의 기술기업가가 기술혁신의 아이디어를 상업화하기 위해 설립한 신생기업의 경우가 많으며, 위험부담은 높으나 성공할 경우 높은 기대이익이 예상되는 기업(이진주, 1986), 기술수준이 높은 제품의 기업화를 위하여 위험부담은 높으나 성공할 경우 기대이익이 큰 사업을 기반으로 왕성한 기업가 정신을 가진 모험기업가에 의해 설립 운영되는 중소기업(나중덕, 1994), 새로운 아이디어와 기술을 가지고 사업에 도전하는 모험적인 중소기업(이장우, 1997)을 뜻한다.

그런데 우리나라 기존 대기업들의 주력사업은 전반적으로 시장의 성숙기진입에 따른 마케팅 등의 관리비용 증가로 인한 수익성 악화, 경직된 의사결정체제에 의한 비효율성, 조직의 방대함, 비관련 다각화로 인한 핵심역량의 분산, 규모에 집착한 저부가가치형 생산구조 등으로 생존의 위협에 직면해 있으며, IMF사태 이후 기존기업들의 성장과 수익성은 크게 위축되고 정체되어서 이제는 중후장대형 산업이나 단순한 모방방식으로는 성장의 한계에 직면하게 되고, 대기업의 노화현상이 두드러짐에 따라 새로운 돌파구를 모색하여야 하는 상황에 처해 있다.

반면, 성공한 벤처기업들은 독창적 기술개발과 틈새기술경쟁의 리더들로서 작은 조직, 자율권, 실패에 대한 관대함, 민첩함과 창의적인 도전정신 등 세계제일의 이념으로 글로벌 시장에 적극적 공략에 나서고 있다. 그러나 정부주도하에 급성장한 벤처기업들은 관리인프라가 미구축되어 있고, 비즈니스모델의 미비로 수익전망이 불투명하며, 마케팅능력과 조직력이 부족하여 경제적 불황기나 침체기에 접어들게 되면 시장퇴출에 직면할 수 있다. 즉 벤처기업은 도전정신과 주도권을 장악하는 능력은 우수하나 조직화가 부족하고 기성세대의 반격에 시달릴 수 있는 한편에 대기업은 규율과 부가가치를 추구하는 데 비해 대기업병에 전염되기 쉬워 정예화된 인적 자원이 이탈할 가능성을 잠재하고 있다.

이에 글로벌 네트워크를 갖췄으나 비대한 조직으로 탄력성을 잃은 대기업의 경쟁력을 제고시킬 수 있는 방안과 벤처기업의 핵심역량 및 창조적인 도전정신에 따른 弱點인 신속한 의사결정의 실수와 마케팅능력의 부족을 상호 보완하는 맥락에서 벤처기업-대기업 간의 신뢰에 기반을 둔 시너지효과를 동반할 수 있도록 일종의 협력의 유형인 전략적 제휴(strategic alliance) 또는 전략적 아웃소싱(strategic outsourcing) 등의 협력모델이 요구된다.

기업 간 협력연구 즉, 벤처기업 – 대기업의 협력이 동반되어야 하는 그 배경은 벤처기업을 꾸려나가는 혁신자에 대한 창업의 성공 요인분석도 매우 중요하지만 벤처기업이 창업 이후 글로벌 생존을 위해서 기술력의 확보, 적절한 틈새시장개발, 전문인력확보, 전반전인 경영능력제고, 지속적인 금융자원의 확보, 원활한 판매대금의 회수, 원자재 확보, 최근의 시장·경영정보 획득 등 여러 요인들이 대기업의 경영적 노하우의 협력을 통해 극복 및 타개할 수 있는 첩경이기 때문이다.

본 연구의 목적은 벤처기업의 정신과 대기업의 경영적 노하우의 협력을 통한 상생적 길(win – win strategy)을 모색함으로써 기업 간의 이익증대, 더 나아가 국가적인 산업경쟁력의 기반 구축에 공헌하는 데 그 의의가 있다.

또한 본 연구과제의 수행필요성에 대해 언급하면 다음과 같다.

① 기존의 많은 국내연구들이 주로 2차 자료 혹은 간혹 1차 자료를 사용하여 벤처기업이 아닌 전반적인 중소기업지원과 관련된 정책적인 측면만을 다루고 있다.
② 한 부류의 많은 연구들은 전 분야에 걸친 중소기업창업지원에 관한 제도적 육성책을 주로 연구되고 있으며, 성장산업으로서 각광받고 있는 벤처기업의 제도적인 육성책과 벤처기업의 성공요인 등은 최근에 이르러서야 제시되고 있는 실정이지만 이 또한 연구의 대상이 벤처에 국한하고 있다는 단점이 존재한다.
③ 벤처기업에 관한 대부분의 연구 및 관련정책들은 주로 중소기업의 관점에서 기술개발, 창업 및 육성과정을 다루고 있으며, 설상가상으로 일련의 연속된 과정으로 보지 않고 개별적인 접

근방식을 채택함으로써 연계성 있는 정책수립 및 실행이 이루어지지 못하고 있는 실정이다. 특히 학술적 연구의 대부분이 중소기업 또는 벤처기업의 창업과 관련하여 주로 창업 및 경영의 애로사항에 근거하여 피상적인 개선책만을 제시하고 있을 따름이다.

④ 대기업에 관한 대부분의 연구도 이러한 맥락에서 연구의 연계성이 아닌 파편적이고 분절적임을 크게 벗어나지 못하고 있는 실정이다.

〈그림 Ⅰ-1〉 목표와 과정관점에서 벤처기업-대기업 간의 협력유형

결과적으로 기존 대기업들은 과거 벤처기업이 등장할 때에 불신, 적대적 분위기, 생존능력에 대한 회의를 갖고 있었기 때문에 사실 기업 간의 연구가 어느 정도 진행되고 있었음에도 불구하고 <그림 Ⅰ-1>과 같이 조화로운 협력의 유형이 아닌 주로 일방적이고 수직적 통합(vertical integration)차원에서 단기적 거래, 단속관계의 하청관계(subcontracting), OEM형태에 의한 종속관계의 틀을 유지하는 차원에서 협력을 강조하는 일면이 짙은 것이 약점이기 때문에 벤처기업-대기업의 성공적 협력모델에 관한 연구가 절실한 상태이

다. 즉 벤처기업 – 대기업의 산업적 협력이 절대적으로 요구됨에도 불구하고 성장의 토대가 되는 협력연구가 부재함으로써 어떠한 정책적인 제안이나 체계적인 발전방향이 제시 못하고 있는 것이 작금의 상황이다.

따라서 본 연구에서는 우리나라 벤처기업의 강점인 독창적인 기술개발과 틈새기술 경쟁의 리더, 작은 조직, 자율권, 실패에 대한 관대함, 기민함과 창의적인 도전정신(challenge spirit) 등의 특징과 대기업의 강점들인 글로벌 네트워크(global network)를 기반으로 하는 생산능력과 마케팅능력, 조직력과 자금력, 기업문화 등을 대상으로 실증조사(field test) 및 국내외 벤처 — 대기업과의 협력관계 분석을 통해 벤처기업 — 대기업의 성공적인 협력모델을 제고시킬 수 있는 정책적인 방향을 제시하고자 한다.

제2절 연구의 내용 및 방법

(1) 연구의 내용: 벤처기업 – 대기업의 특성

<그림 Ⅰ–2>의 벤처기업 – 대기업의 SWOT 분석에서 보는 바와 같이 이미 벤처기업의 장점인 개척자적인 창의적 도전정신, R&D 능력, 시간중심경영에 기반을 둔 신속한 의사결정(speed decision making on time base management)과 대기업의 장점인 정예화된 인적 자원의 활용, 안정된 생산체제, 마케팅능력, 체계적인 조직관리, 글로벌 네트워크 등과의 전략적 아웃소싱을 통한 동반자적인 협력관계를 유지한다면 시스템[3] 간의 시너지효과(synergy effects)의 창

출로 매우 높은 부가가치효과를 동반할 수 있는 잠재력을 보유할 수 있음을 알 수 있다.

〈그림 Ⅰ-2〉 벤처기업-대기업의 SWOT 분석

벤처기업-창의적 도전정신 대기업-엄격한 조직관리 　　　　　　　　　　　　　　S	W 벤처기업-관리 인프라 미흡 대기업-골리앗과 같은 대기업병
O 벤처기업-주도권 장악 대기업-부가가치의 회복	T 벤처기업-기성세대의 반격 대기업-양질의 고급인적자원들의 이탈

　　여기에서 기업 간의 전략적 아웃소싱은 기본적으로 벤처기업-대기업 간 신뢰(trust)의 토대를 구축하는 것이 무엇보다도 선결되어야 한다. 벤처기업가는 '발명왕'이라는 굴레에서 벗어나 기업가적 자질을 축적하여야 하며, 반면에 대기업은 벤처기업을 단순히 간교하게 자신의 기업성장에 활용하려는 근시안적 사고방식을 탈피하는 것이 급선무라는 것을 지적하고자 한다. 부가적으로 벤처기업-대기업의 협력모델유지 및 강화는 쌍방기업의 목표, 기업문화, 명성, 상호 간의 편익, 커뮤니케이션, 정보교환 등 여러 가지 요인들이 존재한다.

　　따라서 벤처기업-대기업의 협력유지 또는 통합의 추구는 <표 Ⅰ-1>에서와 같이 기업 간 시스템의 보완적 맥락에서 협력이 상승의 결과를 얻게 됨을 확인시켜 주는 내용이다. 즉 벤처기업-대기업의 협력과 경쟁(co-opetition)의 핵심은 일차적으로 최고경영자들의 기득권을 포지티브적 사고(positive thinking)와 기업윤리적 의미를 내

---

3) 동태적인 상호작용 속에 존재하고 있는 개별구성요소들의 결합을 의미한다.

포하는 일종의 기업가(entrepreneurship)적 관점이나 부국강병론 관점에서 접근하는 것이 타결의 실마리를 제공할 수도 있을 것이다.

<표 Ⅰ-1> 벤처기업-대기업 협력의 장·단점 비교

장 점	단 점
· 대기업의 제조기반 강점과 벤처의 기술을 경쟁우위 요소로 활용 가능 · 경쟁력 및 품질과 공정향상 · 판매 등 일반관리비의 절감 · 신제품에 대한 아이디어 확보용이 · 효과적인 제품차별화를 통한 소비자들의 이탈장벽 창출 · 매출증대 기회의 확보 · 안정된 시장의 확보 · 시장흐름과 고객욕구에 대한 정확한 정보획득 · 경험효과(learning effect)와 규모의 경제달성 · 효율적 마케팅 및 관리기법의 개발	· 특정 대기업과 결속됨으로써 보다 유리한 시장기회 활용 제약됨 · 과도한 거래특유투자가 존재하는 경우, 장기적으로 비용이 수익을 초과할 수 있음 · 기술에 대한 가격협상에서의 가격양보 요구 · 지나치게 의존도가 높은 경우 통제 곤란 · 대기업 경영상의 비효율성을 벤처기업이 떠안을 수 있거나 반대를 생각해 볼 수 있음

(2) 연구의 방법

본 연구는 기본적으로 설문조사에 의한 실증적인 연구이며, 이러한 실증적인 연구를 토대로 벤처기업-대기업의 협력모델에 대한 다양한 산업별 분석 및 벤처기업의 수명주기에 따른 대기업 간의 협력요인의 변화과정을 종합화하여 정책적 제안을 도출하고자 한다. 본 연구는 1997년 12월에 산업자원부로부터 시범테크노파크로 지정된 전국 6개 사업자인 경북테크노파크의 협조를 받아 대구, 인천, 경기, 충남, 광주·전남 등의 테크노파크(technopark)[4]에 입주한 벤처기업을 그 연구대상으로 선정하고자 하며, 따라서 업종은 전 산업의 업종을 총망라한다고 볼 수 있다. 여기에는 벤처기업의 발굴 및 육성 그리고 상업화단계의 벤처기업으로 판단되는 기업들이 많이 입주해 있는 것으로 판단된다. 이러한 표본집단을 선정하게 된 배경은 지금까지 실증적으로 벤처기업을 연구한 표본집단이 일반 중소기업들이 포함되어 있어 1차 자료의 한계를 극복할 수 있는 길이라고 평가되기 때문이다.

본 연구의 분석방법은 설문조사의 결과에 대한 다양한 측면의 단순분석과 벤처기업의 산업별·성장단계별 대기업과의 성공적인 협력요인분석을 기본적인 내용으로 하고 있다.

구체적으로 벤처기업의 창업, 보육, 상업화 등 기업의 성장단계를 명확히 정의하기 위해 본 연구에서는 피설문자의 선택을 사용하고자 한다. Kajanzian & Drazin(1989)의 접근법인 피설문자의 선택기법을 통해 기업을 분류한 후 성장단계별,[5] 업종별 기업특성에 대한 다

---

4) 테코노파크란 기업, 대학, 연구소 등이 공동으로 연구개발, 기술인력의 교육 및 훈련, 산업 및 기술에 관한 정보의 유통, 신기술창업보육, 연구개발시설의 공동이용, 시험생산 등을 수행하여 지역의 기술혁신과 첨단산업발전을 선도하기 위한 사업이며, 미국의 실리콘밸리, 일본의 쓰꾸바단지, 대만의 신죽과학단지 등을 들 수 있다.

5) 김종규(1999, p.28)는 벤처기업의 성장단계별 분류를 다음과 같이 제시하였다. 독립적인 창업인에 의한 성장단계별 분류(Webster, 1977)는 모험사업 준비단계(preventure stage), 조직단계(organization stage), 재정적 위기단계(financial jeopardy), 제품도입단계(product introduction stage), 확장단계(rapacity stage), 결과단계(outcome stage)였으며, Ruhnka & Young(1987)은 위험성에 따른 분류를 제시하였는데, 씨앗(seed)단계, 창업(start up)단계, 성장(second)단계, 확장(third round)단계, 회수(exit)단계였다. Kazanjian(1988), 그리고 Kazanjian & Drazin(1989)은 성장과정에서 나타나는 주요 문제점에 의한 분류로서 개념화·개발단계(conception and development), 상업화단계(commercialization), 성장단계(growth), 안정화단계(stability)로 나누었다. Hart & Banbury(1994), Lumpkin & Dess(1995)는 탄생단계, 고성장단계, 안정적 성장단

양한 분석을 통해 국내 벤처기업의 구체적 실태 및 현황을 파악할 수 있다. 우선 전자는 <그림 Ⅰ-3>과 같이 이분법(dichotomy)에 의한 벤처기업들의 창업 이후 영업 기간, 즉 업력과 기업의 성장단계 간의 상관관계를 이용하여 성공요인을 도출하는 방법이다. 구체적으로, 업력은 짧으나 높은 성장단계에 있는 벤처기업(A)들과 업력은 길지만 낮은 성장단계에 있는 벤처기업들의 특성(B)을 각각 업력이 짧고 낮은 성장단계에 있는 벤처기업(C)들과 업력이 길고 높은 성장단계에 있는 벤처기업(D)들과 비교하여 어떤 요인들이 짧은 업력에도 불구하고 고성장하였는지, 또 어떤 요인들이 작용하여 장기적 업력에 낮은 성장단계에 머물렀는지를 파악하여 벤처기업의 단계별 성공요인과 실패요인을 도출할 수가 있지만 업력의 장단기 구분과 성장의 높고 낮음에 대해 정의하기가 쉽지가 않다.

<그림 Ⅰ-3> 벤처기업의 성장유형

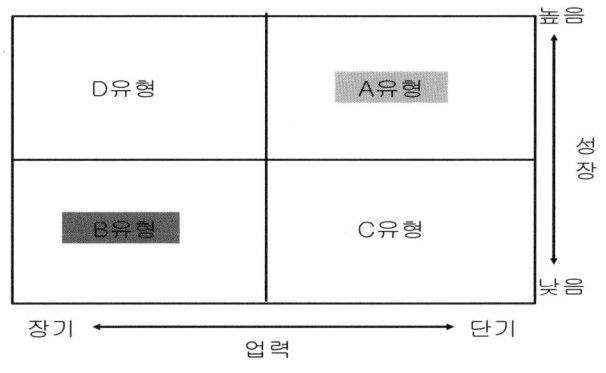

계, 성숙단계로 나누었다. 조관행(1995)은 기업의 라이프사이클관점에 의한 분류를 시도하였으며, 연구개발단계, 창업단계, 성장단계, 확장단계, 성숙단계이다. OECD(1996)는 사업성장성에 따른 라이프사이클을 제시하였는데, R&D, 창업, 초기성장, 초과성장, 유지성장, 성숙단계로 분류하였다. 그 밖에 중소기업진흥공단(1998)은 제품생산에 따라 도입기, 급성장기, 성장전기, 성장후기로 분류하였다.

따라서 후자인 창업기업의 성장과정을 적절하게 기술하는 5단계 성장모델인 존재(existence)의 단계, 생존의 단계, 성공의 단계, 도약의 단계, 성숙의 단계를 활용하고자 한다.

두 번째로, 벤처기업－대기업의 성공적인 협력을 결정짓는 여러 가지 요인들이 협력성과가 달라지는지를 파악하고자 한다. 구체적으로 협력유형이 벤처기업의 성장유형에 따라 대기업이 보유하고 있는 여러 가지 장점들인 신뢰성, CEO의 가치관, 명성(브랜드, 마케팅능력, 제조능력, 유통·물류능력, 조직능력), 의사교환, 기업윤리, 기업문화 그리고 협력에 따른 재무적, 심리적, 사회적 관계편익 등과 협력성과에 어떤 차이점을 보여주는지도 분석하고자 한다. 이것은 벤처기업들이 대기업에 대해 어떠한 협력유형을 선호하는지를 파악할 수 있기 때문에 대기업의 입장에서는 벤처기업에 대한 기술협상력의 분위기를 파악할 수 있는 기여를 할 수 있다.

제3절 연구결과의 기대효과 및 활용방안

(1) 경제·사회적 기여도

벤처기업－대기업의 성공적인 양자 협력모델(dyadic cooperation model)의 연구는 첫째, 벤처기업 창업의 활성화를 한껏 강화시켜주는 역할을 할 것이며, 벤처기업－대기업의 협력을 통한 경쟁력 강화로 기업 간 분업의 저변을 형성하고, 이를 바탕으로 산업 전체의 분배적이고 안정적인 균형발전을 도모하며, 특히 지방자치제의 실시로 인해 중요시되는 지역 경제의 활성화에 고용창출 증대를 통해 그 일익을 담당하리라 간주된다. 둘째, 벤처기업－대기업의 협력강화를 위한 다양한 모델과 협력프로그램이 활발히 논의되는 새로운 기업문화의 정착에도 기여할 것이다. 즉 기업 간의 비전 공유, 위기의식의 공유, 이해의 공유, 감정의 공유 등 파트너로서의 신뢰를 형성함으로써 벤처기업－대기업의 협력이 곧 이익의 공정한 분배 및 공유, 확실한 역할 분담, 갈등조정의 구축 메커니즘의 형성 등 보다 한국적인 경영환경조성으로 글로벌 경쟁의 우위요소로 작용할 수 있는 것이다. 이러한 신뢰에 의한 협력의 기반이 또 다른 산·학·연·관 등 협력 등의 상승효과를 동반할 것으로 평가된다. 셋째, 지금까지의 일방적인 생산협력, 단순 수출협력 및 이에 부수된 기술지도, 금융지원 등의 지원형태는 우호적 M&A, 전략적 제휴(strategic alliance), R&D, 인력양성 등 핵심 분야의 협력, 지분참여형 다면적 협력 등으로 확대되는 효과를 동반할 것이다. 넷째, 부존자원이 빈약한 우리나라의 현실로 보아 기업들로 하여금 벤처기업－대기업의 성공적인 협력모델의 기반을 통해 중복투자, 투자에 대한 위험감소, 자원의 효율적 및 효과적 활용을 획득하는 데 그 기대효과가 지대하다. 다섯째, 과거 산업계의 현실이 win－lose게임의 풍토였다면, 21세기에는 win－win의 산업환경으로 변혁해야 비로소 생존과 우량기업으로의 영위를 구가할 수 있다는 경영인의 정신적 지주로서의 활용이 가능하다. 이러한 경제·사회적 공헌에 대해 요약하면 다음과 같다.

- 기술집약형 벤처기업이 대기업의 협력을 통한 창업성공률 제고
- 유망한 벤처기업의 대기업에 대한 전략적 아웃소싱을 통한 지속적 발전도모
- 기업별 고유 역할 수행을 통한 전문화와 산업구조의 고도화

- 고용창출과 생산의 증대를 통한 국가·지역 경제발전 효과
- 고급인력의 양성 및 유치 강화
- 양자 간 협력에 의한 기업문화 등 노하우(know how)의 축적 및 파급확산
- 첨단기술사업화를 통한 기술발전

(2) 정책적 제언

우리나라 벤처기업－대기업의 협력강화를 위한 실사(pilot test), 선진국의 벤처기업－대기업의 협력모델의 생성과정과 성공요인분석 등을 검토하여 한국－선진국 간의 기업 간 협력의 차이분석을 통한 기존의 벤처기업 및 대기업에 대한 지원적 제도들을 검토·보완할 수 있는 계기가 된다. 이러한 제도적 지원의 검토는 벤처기업－대기업의 협력을 진작시킬 수 있는 효율적이고 적극적인 정책입안 및 집행을 위한 기초자료로 사용될 수 있을 것이다. 이를 좀 더 구체적으로 예시하면 다음과 같다.

- 벤처기업－대기업의 협력을 전제로 한 벤처기업의 단계별 성장에 대한 대기업의 협력방안의 변화
- 벤처기업－대기업의 협력이 일관성 있게 다루어지는 정책의 연계성 도모
- 벤처기업－대기업의 정책의 효율성 극대화.

제2장 이론적 배경

벤처기업 – 대기업 협력의 당위성, 그 사회적 타당성 그리고 전략적 유효성을 설명해 주는 이론적 배경으로는 다음과 같다. 첫째, 벤처기업 – 대기업의 교환관계 측면에 관한 이론으로서 관계교환이론. 둘째, 기업 간 협력의 경제적 측면에 관한 이론으로는 거래비용이론. 셋째, 기업 간 자원의 상호의존성 측면에 관한 이론으로는 자원의존이론. 넷째, 협력의 원활화를 촉진하기 위한 의사교환이론과 기업문화이론. 다섯째, 연결망 구조개념에서 접근하는 네트워크이론과 구조결합이론 그리고 벤처기업의 지속적 성장맥락에서의 핵심역량이론 등을 들 수 있다.

제1절 협력의 개념

(1) 협력(Partnership)[6)]의 개념

기업은 제품을 획득하는 데 있어 4가지 방법[7)] 중의 하나인 교환

---

6) 권기대의 연구(1998a)에 의하면, 파트너십은 '공동', '협력'의 뜻이 있으며, 우리나라 국어대사전(1996, p.3512)에는 파트너십에 대해서는 언급이 없으나, 파트너에 대해서는 '경기 · 놀이 등에서 둘이 한 짝이 되는 경우의 상대, 작패, 동반자'라는 뜻이다. 순화어로는 '협조자', '짝', '동료'의 의미가 있다. 또한 대한한사전(1987)에는 유사한 의미로 '大同'(조금의 차이는 있어도 대체로 같음, 큰 세력이 합동함) 혹은 '大同思想'(차별이 없고 자유로운 평화사회를 지칭함)이나, 최근에 농협의 슬로건으로 사용하는 '身土不二', '都農不二' 또는 '自他不二'의 의미가 내포되어 있다.

7) 코틀러(Kotler, 1997, p.11)에 의하면, 사람들이 원하는 제품을 획득하고자 하는 4가지 방법은, 첫째, 자가생산(self – production)으로 사람들은 사냥, 낚시, 과일 채취 등을 통해서 배고픔을 해결하지만, 다른 사람들은 상호작용은 하지 않는다. 둘째, 강탈(coercion)로써, 배고픈 사람은 타인들로부터 음식을 훔치거나 빼앗을 수 있지만, 해치지 않는 것을 제외하고는

으로부터 야기된다(Baggozi, 1975). 교환(exchange)은 어떤 사람으로부터 바람직한 것을 얻고, 반대급부로 무엇인가를 제공하는 행동으로 5가지[8]가 충족될 때 발생한다. 즉 쌍방 관계(dyadic exchange)는 교환에서 최소 크기의 단위이며, 마케팅 시스템에서 교환에 참여하는 사람, 교환의 성격, 기타 교환에 영향을 주는 제 요인 등에 따라서 <그림 Ⅱ-1>과 같이 많은 수의 쌍방관계가 이루어진다.

거래(transaction)는 교환의 기본단위로써, 쌍방 간의 가치의 매매로 형성된다. 여기에서 거래가 성립하기 위해서는 합의 조건, 합의 시기 및 합의 장소가 있어야 한다. 반면, 거래는 전달(transfer)과는 다르며, 이것은 A가 B에게 X를 주지만, 대가로 어떤 유형의 것을 받지 않는다. 그러나 최근에는 마케팅 개념의 확대로 거래 행동뿐만이 아니라, 전달(증여) 행동에 대한 연구가 진행되고 있다(Kotler, 1997, p.11).

타인들에게 전혀 이점을 주지 못한다. 셋째, 구걸(begging)로써, 배고픈 사람은 타인에게 음식을 구걸하는데, 그들은 감사하다는 것을 제외하고는 제공할 어떤 유형의 것도 전혀 없다. 넷째, 교환으로써, 배고픈 사람은 타인에게 음식에 대한 대가로 돈, 기타 상품 또는 서비스 같은 교환용 재원을 제공할 수 있다.

8) ①적어도 둘 이상의 당사자(two parties)가 있어야 한다. ②각자는 상대방에게 가치(value)가 있는 무엇인가를 갖고 있어야 한다. ③각자는 의사소통과 배달(communication and delivery)을 할 수 있어야 한다. ④각자는 상대방이 제공한 것을 승낙(accept) 또는 거절(reject)할 수 있는 자유가 있어야 한다. ⑤각자는 상대방과 거래하는 것이 적절하거나 바람직하다고 믿어야 한다(Kotler, 1997, p.11).

〈그림 Ⅱ-1〉 기업의 쌍방적 교환관계의 전형

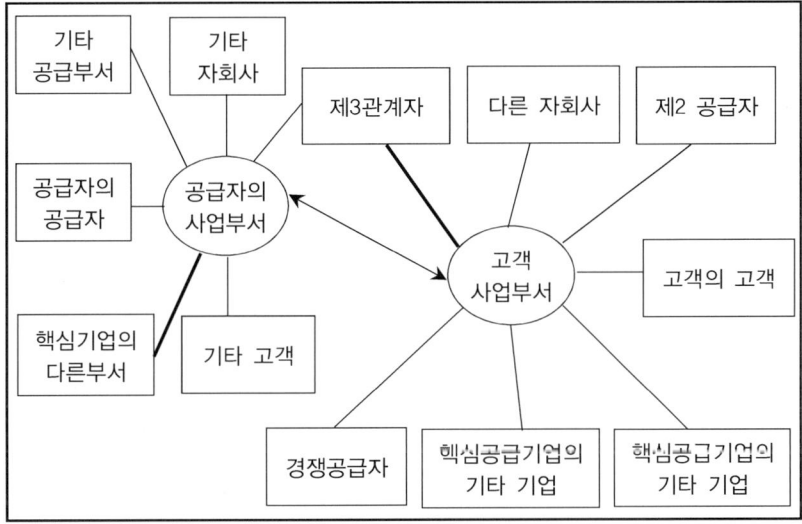

자료원: Anderson, James C., Håkan Håkansson and Jan Johanson(1994), "Dyadic Business Relationships within a Business Network Context", Journal of Marketing, Vol.58(October), p.3.

지금까지, 거래 마케팅(transaction marketing)의 본질에 대해서 언급하였으나, 이것은 사실상 보다 큰 개념인 관계마케팅(relationship marketing)의 한 부분이다. 관계마케팅은 조직의 장기지향적인 기호(preference)와 사업을 유지·발전시키기 위해서 장기적인 만족의 관계를 구축하고자(Christopher, Payne, and Ballantyne, 1991; McKenna, 1991; Sheth and Parvatiyar, 1994), 가치 있는 고객, 유통상 및 공급자와 지속적으로 신뢰하며, 승승관계(win-win relationship)를 수립하도록 노력한다. 즉 쌍방 간의 높은 품질(high quality), 좋은 서비스(good service) 및 적정가격(fair prices)을 약속하고, 또한 전달(delivery)하는 것으로써, 시간이 경과함에 따라 이루어진다. 그리고 관계마케팅은 쌍방 조직의 구성원들이 경제적, 기술적 및 사회적 유대를 강화함으로써 이루어지며, 거래시간과 비용을 절감시켜 준다. 관계마케팅의 최종적 결과는 마케팅 네트워크(marketing network)라는 독특한 기업 자산을 구축하여 개별적인 거래에 의해 이익을 극대화하려는 것으로부터 쌍방 간의 관계에 의해서 상호 유익한 관계를 극대화하려는 것으로 변화하고 있으며, 그 운영 원리는 우호적인 관계를 형성하면, 보다 이익적인 거래가 이루어진다는 원리에서 기인한다(Anderson, Håkansson, and Johanson, 1994).

따라서 과거의 기능적이고 독단적인 기업경영에서 탈피하여 모든 마케팅경로에서 공동으로 사업을 이행하는 구성원들은 일종의 협력관계를 형성하고 있다고 볼 수 있다.

정치경제 패러다임(paradigm)9)의 토대하에 써렐리(Thorelli, 1986,

---

9) 마케팅의 제도적(institutional), 정치경제 패러다임(political economy paradigm)은 조직이론, 정치학, 사회적 교환이론, 기업의 행동이론 그리고 거래비용이론 등에 그 개념적인 토대를 두고 있다. 여기서 정치경제(polity - economy)의 의미를 분석해 보면, 정치형태(poSlity)는 사회단위 또는 사회의 힘과 통제시스템을 말하며, 경제(economy)는 사회단위 또는 사회가 투입물을 산출물로 전환하는 생산적 교환시스템을 의미한다. 그러므로 경제는 작업의 성취와 효율성의 극대화를 위해 노동의 분업과 자원의 재분배가 이루어지는 것이다. 정치경제의 필수적인 성격은 정치형태와 경제를 상호의존적 및 동시적으로 분석하는 데에 있다. 따라서 정치경제 패러다임은 "사회시스템을 경제적 및 사회정치적 힘(force)이 상호작용하여 행동과 성과에 영향을 미치는 사회단위로 구성하는 것"으로 보아 경제적인 면과 사회정치적 측면을 강조한다(Stern and Reve, 1980). 그리고 사회단위(social unit)는 부족한 자원의 교환을 위한 시장으로 간주하고 있다. 특히, 분석대상이 되는 사회집단인 핵심사회집단을 내외 이해관계자의 정치적 결속체로 보고 있다(Arndt, 1983, pp.44 - 54). 정치경제 패러다임에 반해 기존 패러다임의 관심은 이론적 관심과 마케팅 분야의 개념화 작업이 원칙 그 자체에 치중해 있었던 반면(Bush and Hunt, 1982; Cox and Alderson, 1950; Cox, Alderson, and Shapiro, 1964; Ferrell, Brown, and Lamb, 1979; Lamb and Dunne, 1980), 일반적인 이론 개념화의 가장 중요한 공헌은 마케팅을 교환으로써 개념화해 왔다는 것이다(Alderson, 1957; Kotler and

p.38)는 "힘의 존재는 다른 것을 조건화할 수 있기 때문에 네트워크 분석에서 중심적 개념이다"라고 주장한다. 대조적으로 전략적 제휴로써 그러한 벤처의 대략 1/3은 철저히 실패했다고 기억하고 있는데(Sherman, 1992), 일반적으로 관계마케팅을 이해하는 데 중심

Levy, 1969; Tucker, 1974; Enis, 1973; Kotler, 1972; Bagozzi, 1974, 1975, 1978). 기존 패러다임의 특징을 요약하면, ①미시경제 패러다임(microeconomic paradigm)은 시장균형과 자원배분에 관한 추상적인 개념에 관심을 가지고 있다. 이 패러다임은 마케팅믹스의 조작을 통한 이윤창출을 강조함으로써 전통적인 마케팅관리의 토대를 형성하고 있으며, 마케팅에서 매우 중요 하다. ②설득/태도변화(정보처리) 패러다임(persuasion/attitude change paradigm) 은 시장 커뮤니케이션을 마케팅믹스의 일부분으로 보고 있다. ③갈등해 결 패러다임(conflict resolution paradigm)은 왜, 어떻게 갈등이 발생하고 해 결될 수 있는가가 패러다임의 필수 구성요소가 된다. ④일반시스템 패러 다임(general system paradigm)은 인간의 구조 내에서 상호관계, 물적 자원, 그리고 통제 메커니즘을 다루는 연구언어를 제공한다. ⑤기능주의 패러 다임(functionalist paradigm)은 일반구조를 사용하며 적절히 높은 수준의 추상화차원에서 행동을 설명하려 하고 있다(Alderson, 1957). ⑥사회교환 패러다임(social exchange paradigm)은 기관, 그룹, 개인 간의 거래와 상호 작용을 설명하고 있다. 한편, 미시경제 패러다임은 상대가격, 시장균형, 수입배분 등을 설명하고 있는데 경쟁은 효율성을 낳는다는 기본적 전제 를 가지고 있다. 또한, 이 패러다임은 공급과 수요곡선이 한계분석, 효용 극대화 가정, 효용함수, 비용함수, 합리성, 정보의 완전성 등을 통해 구할 수 있다고 보고 있다(Henderson and Quandt, 1971). 그 밖에, 미시경제관점 에서 기업은 시장관계의 바다에 떠 있는 계획된 조정의 섬으로 묘사하고 있다(Richardson, 1972). 그러한 관점은 관리과학, 합리성과 방법-결과 도 구를 강조하는 마케팅관리의 전통에서도 보이고 있으며, 이것은 환경과 통제 가능한 의사결정변수를 구별하고 있다(Howard, 1957; McCarthy, 1960; Kotler, 1997). 이때, 마케팅관리의 규칙은 의사결정 변수의 최적 조합을 찾 음으로써 극대화 이윤을 획득하는 것이다. 이러한 전통의 논리적 확장은 마케팅관리기법을 비영리마케팅 분야에 적용할 뿐만 아니라(Kotler, 1982; Rados, 1981), 건강산업(health care)(Kotler and Clarke, 1987), 교육(education) (Kotelr and Fox, 1995), 예술(the arts)(Mokwa, Dawson, and Prieve, 1981), 그리고 정치학(politics)(Mauser, 1982)과 같은 전문화된 분야에도 적용할 수 있다.

적이어야 하는 것은 실패를 대신해서 관계마케팅의 성공을 낳는 것이 어떤 것이든지 간에 비생산적이고 비효과적인 것으로부터 생산적이고, 효과적이며, 관계적 교환을 구분하는 것이라고 주장하고 있다. 비록 의심할 여지없이 구체적인 관계마케팅 노력의 성공이나 실패에 기인하는 많은 상황적 요인이 있을지라도, 관계 결속과 신뢰의 존재가 힘과 그것의 능력이 다른 것을 조건화할 수 없는 성공적인 관계 마케팅의 핵심이라는 것을 가정으로 삼는다.

지난 십년 동안 마케팅 이론과 실제 두 측면에서 주요한 직접적 변화의 단초(inception)는 웹스터(Webster, 1992, p.1)에 의해 고려된 그 분야의 기능적 재형성과 다른 학자에 의해 주장된 본원적 패러다임의 이동(Grönroos, 1991; Kotler et al., 1991; Parvatiyar, Sheth, and Whittington, 1992)은 곧 관계 마케팅으로써 관계적 계약(relational con-tracting)(Macneil, 1980), 관계 마케팅(relational marketing)(Dwyer, Schurr, and Oh, 1987), 수직적 부가가치사슬(vertical value – adding chains)[10] (Porter, 1985), 부가가치 파트너십(value adding partnership) (Johnston and Lawrence, 1988), 업무 파트너십(working partnership) (Anderson and Narus, 1990), 공생적 마케팅(symbiotic marketing)(Varadarajan and Rajaratman, 1986), 전략적 제휴(strategic alliance)(Day, 1990), 공동 마케

---

10) 포터(Porter, 1985, p.36)는 "가치사슬(value chains)"의 개념을 다음과 같이 제시하였다. 경쟁우위는 한 회사가 그저 전체로 바라본다고 되는 것이 아니다. 이는 한 회사가 제품의 설계, 생산, 마케팅, 배송 및 지원 등의 업무를 수행할 때, 수반되는 다수의 각기 분리된 활동으로부터 나온다. 이러한 각각의 활동은 한 회사의 상대적인 원가 지위에 기여할 수 있고, 차별화의 근거를 마련해 준다. 가치사슬은 원가구조와 기존 및 잠재하고 있는 차별화의 원천을 이해할 수 있도록 한 회사를 전략적으로 연관된 활동들로 분해된다. 기업은 이러한 전략적으로 중요한 활동들을 경쟁자보다 더 낮은 비용과 보다 나은 방법으로 수행함으로써 경쟁우위를 획득한다.

팅 제휴(co-marketing alliance) (Bucklin and Sengupta, 1993), 그리고 내부 마케팅(internal marketing) (Arndt, 1983; Berry and Parasuraman, 1991), 공급자 파트너십(supply partnerships)(Buzzell and Ortmeyer, 1994, 1995) 등을 포괄하는 마케팅이다. 뿐만 아니라, 최근 마케팅의 각 분야 가운데, 구매자-판매자의 파트너십과 관련하여 조직 간 이슈(Dwyer, Schurr, and Oh, 1987; Johanson, Hallén, and Seyed-Mohamed, 1991), 네트워크 구조 및 조정(Anderson, Håkansson, and Johanson, 1994), 경로관계(Boyle, Dwyer, Robicheaux, and Simpson, 1992; Ganesan, 1994), 판매관리(Swan and Nolan, 1985), 서비스마케팅(Berry, 1983; Crosby and Stephens, 1987; Crosby, Evans, and Cowles, 1990) 그리고 비즈니스 제휴(Bucklin and Sengupta, 1993; Heide and John, 1990; Sheth and Parvatiyar, 1995)를 포함한 관계마케팅의 연구에 집중되었으며, 특히 마케팅경로에서 탈피하여 물류 분야에서 부각되고 있는 공급사슬관리(supply chain management)[11](Ellram, 1991)에 이르기까지 다양하게

---

11) 엘람(Ellram, 1991)에 의하면, 공급사슬관리는 글로벌라이제이션(globalization), 시장에의 시간절감에 대한 압력, 고객서비스에 대한 관심의 증가와 같은 요인들에 의해 관심을 불러일으켰으며, 현재 물류(logistics)연구 분야에서 부각되고 있는 개념이다(Houlihan, 1985; Steven, 1989; Jones and Riley, 1985; Ellram and Cooper, 1990). 공급사슬관리는 공급자에서 최종 사용자에게까지 원자재 흐름의 계획과 통제를 관리하는 통합된 접근 방식으로 정의를 내린다(Jones and Riley, 1985). 이것은 공급 사슬상의 고객 서비스 목표를 달성하는데 자원의 효율적 이용을 극대화하기 위해서, 수반되는 모든 관계자의 이익을 위해 물적 유통 관계를 협력적으로 관리하고 통제하는 목적을 갖는 접근 방법이다. 공급사슬관리는 실제적으로 최종 고객에게 제품이나 서비스를 인도하기 위해 상호작용하고, 원자재 공급에서 최종 인도까지의 흐름을 연결하는 기업들의 네트워크(network)를 나타낸다. 공급사슬관리의 관점은 공동의 목적을 달성하기 위해서 경로 구성원들의 자발적이거나 계약적 협력(contractual cooperation)이라고 불리는 이러한 접근 방법을 운영하거나 혹은 계약적 마케팅 경로(contractual marketing channel)와 유사하다고 할 수 있다(Stern, El-Ansary, and Brown, 1992). 공급사슬

포괄하고 있다. 물론 관계마케팅의 확장된 범위에 대해 반론도 제기되고 있지만(Iacobucci, 1994), 다른 관계를 포함한 장점이 관계마케팅의 모든 중심 개념에서 기업과 고객 간의 관계는 결국 기업의 생존과 성공에 핵심적이라고 주장하고 있다(Craven, 1995). 결론적으로 관계마케팅은 글로벌적 경쟁이 점점 기업의 네트워크 간에 발생하는 것으로 인식하고 있는 발전적인 네트워크 패러다임의 일부분이다(Thorelli, 1986, p.47). 사실상, 아크롤(Achrol, 1991, p.78, 89)은 규범 지향적인 상호관계가 신뢰에 기반을 둔 공유와 결속의 규범에 의해서 시장지향적인 중심적 조직에 의해서 더불어 유지되고 조정되는 기능적으로 전문화된 조직의 네트워크 내에 진실한 마케팅 기업의 출현을 예상했다. 이러한 글로벌적 역학(global dynamics)은 다소 관계마케팅의 역설적 본질의 결과였다. 글로벌 경제에서 효과적인 경쟁자가 되기 위해서는 어떤 네트워크상에서 신뢰하는 협력자가 요구된다. 맥킨지 전략 전문가들이 주장하듯이 대부분 글로벌적인 사업을 위해서 최고(flat out)의 그날, 상대방을 희생하는 경쟁이 도처에 존재하며, 약탈(predation)의 현장에서 많은 다국적 기업들은 경쟁을 위해서 협력이 필요하다는 것을 배운다. 비즈니스 윤리학자들은 또한 경쟁은 협력이 요구된다고 역설하고 있다(Solomon, 1992, p.26).

먼저, 협력을 위한 관계마케팅의 이해는 명확한 개시, 단기, 성과에 의한 예리한 종결의 특징을 가진 단속적인 거래(discrete transaction)와 지속 기간(duration)에 있어서 보다 장기적이고 지속적인

관리의 접근 방법은 두 가지 점에서 전통적인 경로와 상이하다. 첫째, 공급사슬관리는 광범위한 목표, 재고관리 및 구체적 마케팅 목표의 달성보다는 오히려 고객서비스의 높은 수준을 달성하려는 관계를 가진다. 둘째, 공급사슬관리의 접근은 공급사슬 내에 상·하류 지향적 활동(upstream & downstream activity)의 양방향 모두를 관리하려고 하는 것이다. 반면 마케팅경로는 하류지향적(downstream) 활동에 집중되어 있다.

과정을 반영한 이전의 합의서에의 추적 가능한 장기적 관계 간의 구분이 요구된다(Dwyer, Schurr, and Oh 1987, p.13). <그림 Ⅱ-2> 는 협력의 관계마케팅에 대한 관계교환을 중심 기업 및 공급자, 측면(방계) 협력, 구매자, 그리고 내부 협력과 관련하여 범주화한 관계마케팅의 10가지 단속적 형태를 나타내고 있다.

①파트너 관계는 JIT(Just In Time)조달과 TQM(Total Quality Management)[12]에서처럼 제조업체와 그들의 제품 공급업체 간의 관계적 교환을 수반한다(Frazier, Spekman, and O'Neal, 1988; O'Neal, 1989).

②관계적 교환은 광고 혹은 마케팅 조사 대리점과 그들의 각각 고객 간처럼 서비스 제공자를 포함한다(Beltramini and Pitta, 1991; Moorman, Zaltman, and Deshpandè, 1992).

③기술적 제휴에서처럼(Nueno and Oosterveld, 1988) 기업과 그들의 경쟁자 간에 전략적 제휴인 공동 마케팅 제휴(Bucklin and Sengupta, 1993)와 글로벌적 전략 제휴(Ohmae, 1989).

④공공 목적 협력차원에서와 같은 기업과 비이익 조직 간의 제휴(Steckel and Simon, 1992).

⑤기업과 지역, 주, 정부와의 공동조사 및 개발을 위한 협력(Comer, O'keefe, and Chilenskas, 1980).

⑥특히 서비스 마케팅 분야에서 추천되는 기업과 최종 고객 간

---

12) 김기영(1993, pp.44-45)에 의하면, 품질의 문제는 단순한 불량 요인을 찾아서 제거하는 통계적 품질관리(SQC: Statistical Quality Control)나 기술적인 보완 등의 부분적 과제가 아니고, 경영 전반의 경영관리 과제로 전사적 품질관리(TQM)의 필요성을 주장하였다. 그는 우리나라의 품질 불량의 가장 큰 원인으로 작업자의 부주의, 자재 불량, 납기 촉박, 작업기술 부족, 검사기술 부족, 표준화 부족, 기계설비 노후화, 설계 미숙 등이라고 지적하였으며, 최근에는 세계통합관리관점(GQM: Global Quality Management)에서의 품질을 주장하였다(Kim and Chang, 1995).

의 장기적 교환(Berry, 1983).

　⑦유통경로에서와 같이 공동협력의 관계적 교환(Johnston and Law-rence, 1988; Anderson and Narus, 1990).

　⑧기능적 부서 간의 수반되는 교환(Ruekert and Walker, 1987).

　⑨내부마케팅으로써 기업과 내부 종업원들 간의 교환(Arndt, 1983; Berry and Parasuraman, 1991).

　⑩지원부서, 주부서 혹은 전략적 사업단위를 포함하는 기업의 관계마케팅(Porter, 1987).

〈그림 Ⅱ-2〉 협력에 대한 관계마케팅에서의 관계적 교환

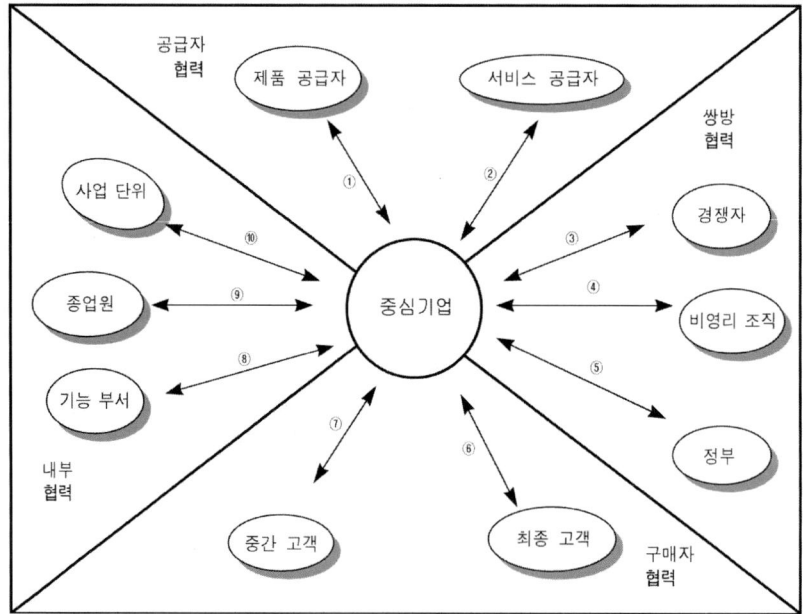

자료원: Morgan, M. Robert & Shelby D. Hunt(1994), The Commitment-Trust Theory of Relationship Marketing, *Journal of Marketing*, Vol.58(July), p.206.

비록 적절하게 개념화된 관계마케팅이 모든 형태에 적용이 가능한 정의가 요구될지라도 현재의 정의는 몇 가지 종류를 포괄할 뿐이다. 예를 들면, 서비스 마케팅 분야에서, 다자간 서비스 조직에서 관계마케팅은 고객의 관계를 유인하고, 유지하며, 제고시킨다고 주장한다(Berry, 1983, p.25). 같은 맥락에서 베리와 파라수라만(Berry and Parasuraman, 1991, p.133)은 관계마케팅은 고객의 관계를 유인하고, 개발하며, 그리고 유지한다고 제안하고 있다. 산업재 마케팅에서는 관계마케팅을 개별적 거래와 강력하고, 지속적인 관계를 향한 마케팅 지향으로 간주하고 있다(Jackson, 1985, p.2). 파울(Paul, 1988)은 오닐(O'Neal, 1989)의 JIT조달의 경우와 마찬가지로 건강마케팅 분야에서 잭슨(1985)의 견해를 채택하고 있다. 도일과 로스(Doyle and Roth, 1992, p.59)는 관계판매의 목표는 일정 기간 동안 주요 거래에서 신뢰를 개발함으로써 선호하는 공급자의 위치를 배우는 것이라고 지적하고 있다. 상기에서 언급한 것과 유사한 정의는 은행마케팅, 광고, 그리고 사업전략의 분야에서 발견할 수 있다(Beltramini and Pitta, 1991; Prince, 1989; Spekman and Johnston, 1986). 분명히 관계마케팅의 현재의 모든 정의에서 빠진 것은 관계마케팅의 많은 보기가 교환 참가자의 한 사람으로서 고객을 가지고 있지 않다는 구체적 인식이다. 엄격히 말해서 경쟁자들 간의 전략적 제휴, 기업과 공공 목적의 협력상에서 정부 간의 협력, 그리고 내부 마케팅은 구매자, 판매자, 고객도 아니며, 심지어 핵심적 거래도 아니다. 오로지 파트너들이 자원을 교환한다는 것이다.

그러므로 관계 교환의 모든 형태를 망라하고 관계마케팅의 과정에 초점을 맞추기 위해서 Dwyer, Schurr, and Oh(1987)가 강조한 것처럼, 협력을 위한 관계마케팅이란 성공적인 관계 교환을 확립하고 개발하며, 유지하는 방향인 모든 마케팅 활동이라고 간주한다.

따라서 협력 혹은 파트너십이란 수익의 달성을 위해 사업의 동반자로서 업무를 수행하는 둘 혹은 그 이상의 참가자들을 의미하는 것으로 이 개념은 주로 회사법 중심의 법적 정의이다. 반면, 파트너 기업이 각각 최종 목적(goals)으로 고객시장의 욕구를 충족시키는 데 초점을 두고, 조정된 노력을 제공하기 위해 활동을 수행하면서, 각 기업의 성공이 부분적으로 다른 기업에 의존한다는 상호인식과 이해가 존재하는 범위로 정의를 내리고 있다(Anderson and Narus, 1990, p.42; Mohr and Spekman, 1994. p.135). 또한, 기업 간 정신의 교류(meeting of the minds)(Ellram and Hendrick, 1995, p.42)라고도 하며, 경로협력의 관점에서 정의를 내리면, 구매자-판매자 간에 있어서, 관계자들이 공급자 제품의 주문(ordering)과 물적 유통(physical distribution)을 위해 목적(objectives), 정책(policies), 그리고 절차(procedures)에 동의한 유통업자와 독립된 공급자 간의 지속적인 관계(on-going relationship)를 의미한다. 또한 포장(packing), 가격표시(price marking), 신제품 개발(new product development)과 시험(testing), 그리고 공동판매 촉진활동(joint sales promotion activities)에 대한 합의서도 포함하지만, 기본적인 초점은 거의 항상 주문과 물적 유통에 초점을 둔다. 그래서 경로의 협력(파트너십)은 공급자 협력(파트너십)(supply partnerships)을 지칭하기도 한다(Buzzell and Ortmeyer, 1994, 1995).

　따라서 협력 혹은 파트너십은 다양한 관계를 가리키는 것으로 사용되고 있으며, 전체적인 부가가치 체인과 함께 제품과 서비스의 흐름을 밀접하게 관리하는 독립된 기업들을 특징화시킨 부가가치 협력(파트너십)이라고 할 수 있다(Johnston and Lawrence, 1988). 여기에 부가하여 협력 혹은 파트너십은 구매자-판매자 간의 관계가 단기적인 시장교환의 의미인 현재의 선택과 산출물에만의 관심에서 탈피하여, 기간의 장기적(long-term of duration)인 현재와 미래의 관심을 포함한 관계의 영속성에 대한 기대(expectations of continuity of a relationship)인 관계주의적 교환(relationalistic exchange)임을 지적한다(Dwyer, Schurr, and Oh, 1987; Kaufmann and Stern, 1988; Noordewier, John, and Nevin, 1990; Heide and John, 1990; Ganesan, 1994). 즉 협력 혹은 파트너십의 장기 지향성(이후부터는 협력으로 통일함)은 공급자의 산출물과 공동의 산출물 모두가 장기적으로 유통업자에게 이득이 된다고 기대되는 산출물의 상호의존성에 대한 인식을 가리킨다(Kelly & Thibaut, 1978).

협력의 장·단기 지향성의 차이점은 또한 경로구성원들에 의해 채택되는 기업 간 교환의 성격에 의해서도 설명된다. 단기 지향성의 기업들은 거래에서 그들의 이익을 극대화시키기 위해서 시장교환(market exchange)차원의 효율성에 의존하지만, 장기 지향성의 기업들은 거래선상에서 그들의 이익을 극대화시키기 위해서 관계적 교환(relational exchange)에 의존한다. 관계적 교환은 특이한 자산과 위험공유(risk sharing)에 대한 투자와 탐색으로부터 생성되는 결합된 시너지를 통하여 효율성을 창출한다. 이러한 두 가지 지향성은 모두 경로 구성원의 이익을 극대화시키기 위한 것으로, 상대편 구성원에 대한 애타적인 동기를 암시하는 것은 아니다.

결론적으로, 협력은 비록 복잡성의 증가, 자율권의 감소, 정보의 불균형과 같은 부정적인 요인이 동반할지라도, 신기술이나 신시장에 대한 접근, 제품과 서비스의 광범위한 범위를 제공할 수 있는 능력, 공동 연구 및 생산에서의 규모의 경제(economies of scale), 기업의 경계를 초월한 지식에의 접근, 위험의 공유, 상호 보완적인 기술의 접근 등을 제공한다고 볼 수 있다(Powell, 1987, p.71).

(2) 협력의 범위

모든 마케팅 경로에서 공동의 사업을 이행하는 구성원들은 일종의 협력 관계를 형성하고 있다. 관계(relationship)의 유형에는 조화로운(harmonious) 관계, 신랄한(acrimonious) 관계, 오해(misunderstanding)의 관계 혹은 부당한(mismanaged) 관계 등으로 분류할 수 있다. <그림 Ⅱ-3>에서와 같이 관계마케팅에 있어서 조화로운 경로관계는 최종 사용자에 의해 필요한 서비스 상품을 전달하는 과정에서 효과성(effectiveness)과 효율성(efficiency)을 달성하는 방법인 과정의 집중성(convergence)뿐만이 아니라, 관계의 다양한 측면에 관하여 경로 구성원들에게 유사한 목표(goals)가 요구된다(Sheth, 1994).

이러한 관계의 연속성에 대한 궁극적인 목적이 <그림 Ⅱ-4>에서 나타난 것처럼 운영상 한편으론 임기응변적인 거래 관계와 다른 한편으론 지속적인 전략적 협력관계에 있다. 이분법(dichotomy)은 관계의 본질(임기응변 혹은 지속적인)과 목적(전략적 혹은 운영적)에 따라 경로상에서 관계 유형의 범위를 정의하는 데 이해력을 제고시켜 준다. 거래적 관계(transactional relationship)는 고객과 공급자가 매우 경쟁력 있는 가격에 대한 기본 제품의 시의적절한 교환에 초점을 둔다. 협력관계(partnering partnership)는 지속적으로 광범위한 사회적, 경제적, 서비스, 그리고 기술적 유대(ties)를 통해 발생한다. 전략적인 협력의 의도는 총비용이 오히려 낮거나, 경로에 대한 가치가 증가됨으로써 상호 이익(mutual benefits)을 획득한다. 협력의 관계는 경로 구성원들 간에 의사교환(communication), 협력(cooperation), 의존(dependence), 신뢰(trust), 그리고 결속(commitment)을 요구한다. 간결하게 말해서, 조직 간 협력은 공급자와 그들의 유통업자 간 혹은 공급자와 고객 간에 깊은 협력 관계에 있다. 이러한 관계자가 협력을 통해 달

40

성하고자 하는 것은 거의 단순하다고는 말할 수 없다. 관계자들은 목적, 정책, 발주와 물리적으로 제품을 분배하는 데 대한 절차 등에 동의하여야 한다. 어떤 경우에 그들은 주문 이행률(order fulfillment), 재고관리(inventory management), 물류(distribution), 구매(purchasing) 그리고 판매 후 서비스(post-sales service)에 대한 공동 책임의 새로운 방식을 채택하여야 한다.

〈그림 II-3〉 조화로운 관계마케팅의 기준

	분산적 목표 집중적	
집중적 과정 분산적	오해의 관계	조화로운 관계
	신랄한 관계	부당한 관계

자료원: Sheth, Jagdish N.(1994), "Toward a Theory of Relationship Marketing" *Handout at the Relationship Marketing Faculty Consortium,* Center for Relationship Marketing, Emory University.

대부분 유통경로 협력은 두 가지 주요한 사업 과정인 주문에 대한 납기(order-to-delivery)와 고객서비스(customer service)에 초점을 둔다. 결과는 공급자가 주문과 제품의 납품, 고객들이 구매하는 절차, 재고를 관리하는 방식에서 주요한 변화가 있으며, 그리고 또 다른 비밀 연구소 기능(back-room functions)을 수행한다. 공급자는 고객이 견고한 관계를 유지하도록 제품에 대한 수주와 지불관계, 제품의 배달 및 보관, 백화점이나 병원에서의 재고와 같이 재고관리 활동을 수행한다(Treacy, Michaud, and Wiersema, 1992). 사실상 경로상의 협력은 푸쉬(push)에서 풀 철학(pull philosophy)으로 패러다임의 이동이 요구된다(Barba, 1993). 협력은 마케팅경로가 경쟁우위를 낳을 수 있는 수직적 부가가치 사슬(vertical value-adding chains)의 개념이라고 할 수 있다(Porter, 1985).

조직이론 및 경제 분야에서의 연구가인 윌리암슨(Williamson, 1979)은 정부 구조가 시장거래에서 관계교환에 이르는 범위(Macneil, 1980)인 관계의 연속선상에 배열될 수 있다고 제안하였다.

〈그림 Ⅱ-4〉 관계마케팅의 분류

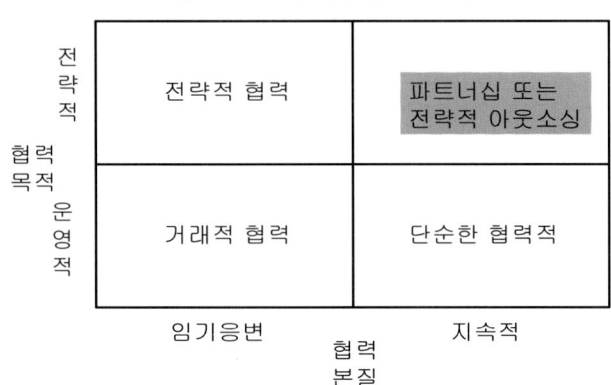

자료원: Sheth, Jagdish N.(1994), "Toward a Theory of Relationship Marketing" Handout at the *Relationship Marketing Faculty Consortium,* Center for Relationship Marketing, Emory University.

따라서 파트너 간의 **품질의 증가**, 재고 감소, JIT시스템의 개발, 시장에 대한 시간 중심 관리(time based management)의 공동 대응으로 인한 단일의 원천 파트너(single source supplier)를 개발하는 것이다. 고품질을 달성하기 위해서, JIT를 이행하기 위해서, 그리고 시장에의 시간을 감소시키는 데 필요한 접촉의 강도는 곧 효율적이고, 효과적인 비용의 감소를 통한 여러 유통경로의 파트너로는 달성될 수 없다.

〈그림 Ⅱ-5〉 잠재적인 협력의 분류

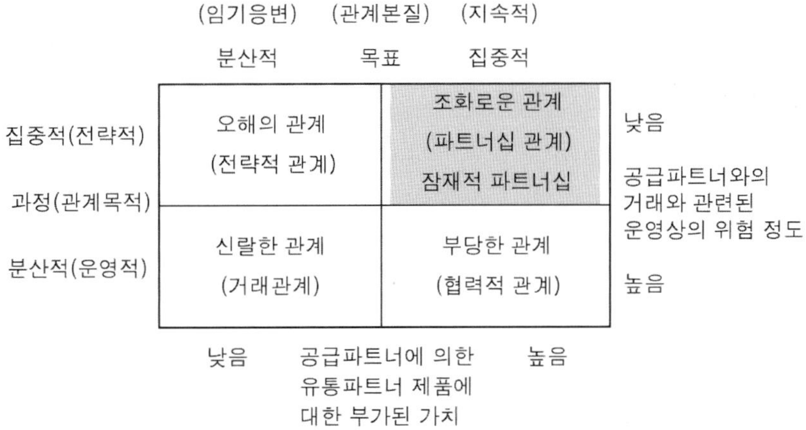

(임기응변)   (관계본질)   (지속적)

	분산적	목표	집중적	
집중적(전략적)	오해의 관계 (전략적 관계)		조화로운 관계 (파트너십 관계) 잠재적 파트너십	낮음
과정(관계목적)				공급파트너와의 거래와 관련된 운영상의 위험 정도
분산적(운영적)	신랄한 관계 (거래관계)		부당한 관계 (협력적 관계)	높음

낮음   공급파트너에 의한   높음
유통파트너 제품에
대한 부가된 가치

자료원: Wilson, David T.(1995), "An Integrated Model of Buyer-Seller Relationships" *Journal of the Academy of Marketing Science,* Vol.23(Fall), p.336; Sheth, Jagdish N.(1994), op. cit., 종합하였음.

결론적으로 협력 혹은 파트너십이란, <그림 Ⅱ-5>에서와 같이 일목요연하게 파트너 관계에 있는 기업은 목표(goals)와 과정(process) 이 집중적인 조화로운 관계에 있으며, 또한 관계목적에 있어서는 전략적 관점과 관계 본질에 있어서는 지속성을 함유하고 있어야 하며, 그리고 이른바 공급 파트너와의 거래와 관련된 운영상의 위험 의 정도가 낮아야 하며, 공급 파트너에 의한 유통 파트너의 제품에 대한 부가된 가치가 높은 1/4분면의 모습으로 범주화할 수 있다.

(3) 기업간 협력의 발전과정

협력(파트너십)과 선략석 제휴를 포함한 새로운 조직 형태가 단순 한 시장중심의 거래와 전통적인 관료적 및 위계적 조직으로부터 대체되고 있으며, 미시경제 패러다임에 근거한 역사적인 마케팅관리 기능은 결정적으로 1990년대에 이르러 마케팅의 이론과 실제에 대한 적합성을 위해 활발한 연구가 진행되고 있다. 물론, 새로운 조직 유형을 설명하기 위해서 음운론(terminology)과 형태론(typology)에 대한 오늘날 강력하게 일치된 방법론은 없지만, 관계의 유형(types of relationships)과 제휴(alliance) 등의 유형 가운데 몇몇 중요한 특징은 마케팅의 역할(role of marketing)을 고려하기에 앞서 많은 이해가 요구된다.

따라서 기업에서 새로운 마케팅 개념(marketing concepts)은 고객에게 경쟁사보다 우월한 가치를 전달하는 목적으로 가치사슬(value chain)상에서 벤더와 고객 간의 협력을 관리하고 포지셔닝(positioning)을 수립하는 데 초점을 두고 있으며, 고객과의 관계가 사업의 중요한 전략적 자원으로서 평가됨에 따라 고객관계가 어떻게 협력의 발전과정에 도달하는지 그 이해가 필요하다.

1) 시장 및 거래의 단계(Markets and transactions)

협력의 발전과정에서 제 일 단계는 경쟁적인 시장환경에서 경제적인 쌍방 행위자들 간의 거래(transaction)이다. 경제적 조직의 순수한 시장에서 모든 활동이 일련의 단속적인 시장중심의 거래(market based transactions)로 관리되며, 사실상, 모든 필요한 정보가 교환이 이루어지는 제품의 가격 속에 내포하고 있다. 마케팅 팀(team)이 해야 할 의무(marketing job)는 단순하게 구매자를 찾는 일이다.

전통적인 미시경제(micro economic)의 수익 극대화(profit maximization) 패러다임에서 기업은 재화와 서비스의 생산과 경쟁시장에서 판매를 하기 위해서 시장거래가 자원 획득의 차원에서 필요한 것으로 간주한다. 자유로운 가격 메커니즘에 의해서 관리되는 각 거래는 기업이 가장 낮은 가격에 구매를 모색하는 경쟁적 시장으로써 근본적으로 다른 모든 거래와 관계는 없다. 그러나 가격 지불(price paid)과 관련된 비용(costs) 이외에도, 거래 그 자체와 관련된 비용이 존재하는 가격 메커니즘을 이용한 비용이라고 지칭하였다(Coase, 1937, p.390). 이 비용은 적절한 가격이 무엇인지를 발견하는 비용, 협상 및 계약 비용, 공급자의 성과(performance) 감독 비용, 제품을 납품하는 질과 양을 포함한 비용 등이 포함된다. Coase(1937, p.394)로서는 이러한 마케팅비용(marketing costs)(그는 그러한 것을 지칭할 때, 우리가 오늘날 사용하고 있는 표현인 거래비용(transactions costs)은 아니다)이 주어지면, 기업은 경쟁적인 시장에 의존하는 것보다 사실상 모든 가치의 교환을 내부화하지 않는 이유를 설명했다. Coase(1937)는 비용이 또한 가치창출 활동의 내부 성과와 관련된 이유는 기업이 전문가로서 똑같은 정도로 가치 창출을 할 수 없는 활동에 대한 자원의 잘못된 배분(misallocation)과 기업가적 기능에 대한 회전율이 감소하는 것을 포함한다고 제안했다. 1937년에 발간된 논문에서 설명한 이러한 제안은 50년 이후에 전략 문헌에서 나타난 독특한 역량(distinctive competency)의 개념과 유사하다는 것 이외에 다른 어떤 가치도 없다(Prahalad and Hamel, 1990).

비록 관계와 제휴의 유형에 대한 지속성의 단초를 제공하고, 이론적 분석을 위해 유용한 출발점이 될지라도, 순수한 거래(pure transactions)는 보기 드물다. 사실상, 1970년대를 통해, 마케팅 문헌은 '거래'를 중심적 개념 및 마케팅 분야에 대한 기본적인 분석의 단위로 강조했다(Bagozzi, 1975). 몇몇 저자들은 심지어 두 당사자 간의 가치의 어떤 교환을 포함하는 거래의 정의를 옹호했으며, 결국은 사실상 모든 인간의 상호작용을 포함한 마케팅의 개념으로 확장되었다(Kotler and Levy, 1969). 순수한 거래는 두 당사자 간에 어떤 우선적이거나 일련의 상호작용 없이 가치의 1회 교환을 뜻한다. 경쟁적인 시장환경에서 형성된 가격은 두 당사자로서 교환을 결정하는 데 필요한 모든 정보를 포함한다. 순수한 거래에서는, 어떠한 브랜드(brand)도 존재하지 않을 뿐만 아니라, 판매자에 의한 소비자의 어떤 인식도 없다. 또한, 신용의 어떤 확장도 없으며, 기호(preference), 로열티(loyalty), 한 생산자의 제품이 다른 생산자와 제품과 차이도 물론 없음을 뜻한다.

사실상, 대부분의 거래는 마케터와 고객 간의 지속적인 관계의 상황에서 발생한다. 그럼에도 불구하고, 마케팅 활동의 목적과 분석을 위한 의존의 변수로서 단 한 번의 거래(single event transaction)라도 판매에 초점을 둔 마케팅의 실제 및 이론에 대한 장기적(long-standing)이고 명백한 이론과 실제가 있었다. 이러한 단 한 번의 거래에 대한 강조는 이익 극대화(profit maximization)의 패러다임과 최적화의 관련된 분석적 기법과 잘 어울린다. 분석의 단위가 제품, 가격, 비용, 기업, 그리고 거래일 때, 사람이나 사회적 프로세스를 고려할 필요는 없다.

2) 반복된 거래(Repeated transactions)의 단계: 관계의 전 단계

순수한 거래에서 영속성에 의한 다음 단계는 브랜드가 있는 상품과 약간의 산업재 부품, 생활필수품(maintenance), 운영 재고품(operating supplies)의 반복된, 빈번한 구매이다. 그러한 제품의 마케팅에서, 광고와 판매촉진은 중요한 활동이며, 각 브랜드는 공격적으로 고객의 기호, 로열티(loyalty), 그리고 반복된 구매를 유인하려고 노력한다. 마케팅의 역할은 보다 높은 가격과 이익을 벌어들일

수 있도록 제품의 차별화를 낳고, 기호와 충성도를 유발시킨다. 고객과 마케터 간의 직접적인 접촉은 있음직하지 않다. 판매는 마케팅 과정의 최종 결과이다. 그리고 비록 반복된 구매가 광고의 경제와 판매촉진 활동에 중요할지라도, 기업과 고객 간의 지속적인 관계(ongoing relationship)에 특별한 어떤 의미는 없다. 그러나 브랜드 로열티의 존재와 반복 구매는 순수한 거래를 초월하여 진행되고 있다는 것을 의미한다. 신뢰(trust)와 신용(credibility)의 기본 원리(rudiments)는 관계의 토대가 될 수 있다. 소비자는 단순히 똑같은 상점에 쇼핑할 때 그리고 친숙한 브랜드를 구매하는 데 보다 쉽고, 편리한 곳을 찾으며, 다른 대안에 대한 정보를 획득하고 진행하는 데 필요한 시간과 노력을 최소화한다. 소비자는 미래의 거래 가능성에 대한 매력을 유인하는 벤더로부터 보다 좋은 판매 조건으로 협상할 수 있다. 관계란 비용이 더 효율적인 거래를 뜻한다.

재판매업자가 증가된 힘을 획득하고, 그리고 재판매업자 및 제조업자와 보다 더 직접적으로 정보기술로 하여금 개별소비자와 접촉함으로써 비록 소비재 시장에서 더 나은 이해를 획득할지라도 마케팅에서 관계의 중요성은 산업재 시장에서 오히려 더 분명해 보인다. 상호작용하는 데이타베이스(database)는 소비재에 대한 관계마케팅의 실체가 되고 있다. 단 1회의 사용으로 소비되는 것보다는 장기간 동안 편익이 파생되고, 판매 후 서비스(after sale service)가 가끔 필요한 내구 소비재(consumer durable goods)와 같은 제품에 대해서는 비록 관계의 책임이 간혹 문제가 있고, 소비자, 재판매업자, 그리고 제조업자 간의 갈등의 원천이 있을지라도, 고객과의 지속적인 관계가 있다.

3) 장기적인 관계의 단계(Long-term relationships)

산업재 시장에서, 구매자-판매자 관계는 전형적으로 장기적인 계약적 결속(long-term contractual commitment)을 수반하고 있지만, 여기에서의 관계란 가끔 임시방편적(arms length)이며 또한 적대적(adversarial)이며, 경쟁(battle)에서 낮은 가격에 초점을 둔 벤더에 대한 고객과 경쟁하는 것이다. 이것은 구매자로서 최대의 경쟁을 유인하는 방법에서 도출된 설계명세서가 요구되는 제품에 대해 특별한 조달을 위해서 入札에 초대될 자격이 있는 벤더의 리스트를 유지·관리하는 것이 공통된 관례였다(Spekman, 1988). 전략적인 자산으로써 이러한 구매자-판매자 관계 관리의 중요성은 1980년대의 마케팅의 문헌에서 인식되기 시작했다(Jackson, 1985; Webster, 1984). Jackson(1985)은 산업재 마케터란 기업을 거래 혹은 관계 고객의 성격으로 규정하였으며, 그것에 어울리게 자원의 결속을 저울질하는 것으로 제안되었다. 이러한 보다 장기적인 구매자-판매자 관계에서 가격은 시장 동인(market forces)에 의해 결정되는 것이 아닌, 상호의존(mutual dependence)에 기반을 둔 협상 과정(negotiation process)의 결과이며, 그리고 품질(quality), 납기(delivery), 그리고 기술적 지원(technical support)이 더 중요하게 간주된다. 1980년대의 글로벌 시장환경에서 경쟁의 동인은 많은 기업으로 하여금 벤더 및 고객과 임의적인 관계에서 훨씬 더 상호의존(interdependence)에 의해 특징지워지는 보다 강력한 협력으로 영속성(continuum)과 함께 중요하게 이동하지 않을 수 없었다. 그 이유는 자동차산업과 같은 전통적인 제조업에서의 그 세계는 너무나 빨리 변화하였기 때문에 사업을 수행하는 표준방식이 뒤떨어질 정도(passé)였기 때문이다.

1980년대에 자동차산업은 산업재 공급자와 더불어 새로운 형태의 관계에 대한 선구자(bellwether)가 되었으며(Womack, Jones, and Roos, 1991), 그리고 이것은 분명히 복잡한 자동차 사업을 간단하게 보게 한 것이 교훈적이다.

포드(Ford)의 리버 라운지(River Rounge)공장은 산업의 조직된 방식이 예외적이어서 그 공장은 알프레드 슬론 제너럴 모터스(Alfred Sloans General Motors)가 소비자에게 더 광범위한 범위의 모델, 색깔, 그리고 특징을 제공하는 자동차를 생산하기 시작함으로써 모델 에이(Model A)는 고객의 선호도에서 멀어지는 문제에 직면하게 되었다. 지엠(GM)은 전체적으로 그것 자체의 소유이지만, 헤리슨 라디에이터(Harrison Radiator), 에이시 스파크, 플러그와 사기노 스티어링(AC Spark Plug and Saginaw Steering)과 같이 생산 가치의 거의 70%에 대해서 독립 자회사인 다른 벤더에 매우 의존하였다(Womack, Jones, and Roos, 1991, pp.138–139). 10년 동안 자동차 제조업체들은 기본적이고 계획적인 시스템에서 각 품목에 대한 많은 벤더와 더불어 수천의 벤더에 의존하였으나, 관계는 단기적(short–term)이었다. 공급자는 그들의 고객에 대해 경쟁자였으며, 고객이 소유한 제조 프로세스(production process)에서 그들 제품의 사용에 의해서 창출한 경제적 가치의 불공정한 점유율에 대해 경쟁관계였으며, 그들은 지나친 가격에 대해 저항하였다. 극도로 빈틈없는 제품설계명세서(specification)에 대해 경쟁적인 입찰시스템(bidding systems)을 통한 벤더 간의 경쟁은 벤더의 탐욕(vendorgreed)과 기회주의(opportunism)를 통제하는 방법이다. 비즈니스의 가장 큰 공유는 일반적으로 가장 낮은 가격을 가진 벤더와 거래가 성사되는 것이 통례이다.

4) 파트너십 또는 협력단계
(Mutual, total-dependence buyer-seller partnerships)

글로벌 경쟁자들은 장기적인 기업 간의 이러한 거래관계의 가격을 비롯한 모든 면에서 기회를 포착하게 된다. 특히 자국 시장에서 수천 마일이나 떨어져 있는 북미시장에서 경쟁하려는 일본계 제조업체들은 품질이 반드시 더 나은 판매를 하는 것이 아니며, 가격이 다소 저렴해야 된다는 가치 있는 교훈을 배운 계기가 되었다. 성능뿐만이 아니라, 제조를 위한 제품을 설계하는 것과 먼저 비용을 올바르게 집행하는 것이 이후에 결함을 찾고 제거하는 것보다 절감되도록 하였다. 품질과 보다 적은 비용은 미국 제조업체의 경쟁적이고 적대적인 원천 시스템(sourcing systems)에서 잘 알려져 있지 않는 협력(cooperation)의 유형인 제품 개발(product development)의 초기단계에서 결합한 여러 벤더들(vendors)과 전략적인 파트너십의 시스템(strategic partnerships system)에 매우 의존한다(Womack, Jones, and Roos, 1991). 일본의 칸반(kanban)이나 혹은 JIT(Just In Time)[13]

---

13) 김기영(1993, p.50)에 의하면 JIT(Just In Time)는 대량생산방식에 의한 안정된 생산계획통제가 전제되고, 고객의 욕구(needs)를 생산자가 어느 정도 통제할 수 있는 공급자 우위시장(seller's market)일 때, 그 효과를 발휘하는 것이 특징이라고 하였다. 특히, 우리나라의 기업들은 자사가 생산하는 제품의 고유한 특징을 무시하고 무분별하게 JIT를 도입하는 행태를 지적하였다. 가령, 우리나라 산업현장에서는 JIT의 개념인 '필요한 것을, 필요한 때에, 필요한 만큼 만들거나 조달하는' 이른바 철저한 낭비제거라는 본래의 의미를 '시간 내에(in time)'와 같은 의미로 와전 해석하는 것을 경계하여야 한다. 한편, JIT의 발상지였던 일본은 이 기법의 확산이 교통난의 가중으로 인한 기업의 물류비 증가와 환경오염의 문제로 사회적 비용의 상승을 초래케 되어 경제성에 대한 의문을 제기되었으며, 그 대안으로 원가절감인 목표가격법(target costing)이 제시되었다(Kato, 1993, p.34).

는 미국의 제조업체에 새로운 모델을 제공하였다. 일반적으로 분량(quantities)에 있어서 한번에 8시간 생산 교대(shifts)를 위해서 충분한, 100%의 가능한 제품을 납품하기로 약속한 특별한 부품에 대해 하나 혹은 소수의 벤더에게 의존하는 것은 트럭이 계획된 시간의 몇 분 내에 도착하는 확실히 철저한 일정에 의존하는 것이다. 보다 높은 품질(higher quality)과 보다 낮은 재고비(lower inventory cost), 그리고 기타 관련된 비용은 전체적인 상호의존의 시스템에서 단일 원천 벤더(single - source vendors)의 네트워크에 총체적인 의존의 결과로 나타난다(Frazier, Spekman, and O'Neal, 1988).

미국 자동차 기업들은 일본의 경쟁자들을 연구했으며, 벤더와의 조달과 관계의 관리에서 배운 교훈을 결합하려고 시도하였다. 미국의 나머지 산업인 정보통신, 컴퓨터, 사무 설비, 그리고 다른 모든 분야에서 자동차산업에서 발생된 파트너십의 이점을 배우려고 노력하기 시작했다. 미국의 마케터들은 정복자로서 또는 획득의 거래(transaction as a conquest)인 개별 판매에 초점을 둔 것으로부터 고객과 장기지향적이고 상호의존적 관계로의 발전을 위한 불가피성의 이해로 변화의 필요성을 목격하기 시작한 것이다. 지이(GE), 아이비엠(IBM), 듀폰(DuPont), 몬산토(Monsanto), 그리고 하니웰(Honeywell)과 같은 많은 미국 최고의 산업재 생산기업은 아메리칸 에어라인(American Airlines), 포드(Ford), 밀리켄(Milliken), 피엔지(P&G) 등과 연방정부와 같은 고객과 전략적인 고객 파트너십(customer partnerships)의 기본적인 개념에 대해 스스로 재구축(restructure)을 이룩하였다.

또 다른 일본의 독특한 제도(institution)인 계열(keiretsu)은 새로운 미국의 시스템적 가망성(prospect)을 형성할 수 있도록 하는 의미 있는 모델의 빌미를 제공하고 있다(Gerlach, 1987). 칸반 시스템(kanban system)[14]은 계열사 내에 공급자와 하청 계약자(subcontractors)의 밀접한 관계에 의존한다. 다양한 관점에서, 계열은 서방세계에서 지금 나타나는 네트워크와 제휴의 선행자(predecessors)와 유사하다. 계열은 소유권(ownership)과 거래 관계(trading relationships)의 상호 연계가 되어 있는 복잡한 기업의 집단(complex groupings of firms)을 의미한다. 계열은 위계적 구조(hierarchical structure) 혹은 대인관계(impersonal), 분권화된 시장(decentralized markets)이라든지 분명히 정의된 공식적 조직은 아니지만, 그들은 상호성(reciprocity)에 기반을 두고 있는 장기적인 관계에서 더불어 연계되어 있다. 거래 파트너는 상호 간 작은 소유권을 유지할지 모르지만, 엄격하게 재무적인 이익을 위한 것이라기보다는 기본적으로 관계의 장기적인 결속(long-term commitment of the relationships)으로 대표된다. 이러한 합의에 대한 중요한 성과(outcome)는 장기적인 관계에서 매우 안정되어 있다. 그러한 안정(stability)은 기업 간에 정보의 공유와 공격적인, 장기적인 성장 정책을 촉진시키는 데 기여한다(Gerlach, 1987). 계열과 기업 간 협력의 유사한 형태와 관련하여 일본 관리자들의 경험을 미국 관리자와 비교해 볼 때, 전략적 제휴의 관리에서 보다 더 나은 기술과 편리한 수준에 대한 주목할 만한 이유가 존재한다(Montgomery and Weiss, 1991).

---

14) 칸반 시스템(kanban system)은 토요타의 생산계획 시스템으로써 아마도 JIT일정계획의 가장 잘 알려진 본보기이다. 칸반 그 자체는 카드를 바탕으로 한 생산통제시스템이다. 칸(kan) 카드는 작업센터나 공급자에게 한 가지 품목의 표준수량을 생산하도록 지시한다. 반(ban) 카드는 작업센터에 가져올 구성품이나 조립품의 미리 정해진 표준수량을 요구한다. 이들 카드들은 물품들의 생산과 이동의 유인으로 사용된다. 칸반/JIT 일정계획 시스템은 표준생산 구매량을 결정하기 위해서 재고통제의 주문점 방법을 사용하며, 이는 매우 낮은 발주비용과 매우 짧은 조달 기간을 포함한다(Grenoble, 1994, p.377).

5) 전략적 제휴 및 합작투자
(Strategic alliance & joint ventures)

먼저, 전략적 제휴의 몇몇 사례에서, 공급자와 고객 간의 협력은 참신한 전략적 제휴(strategic alliance)인 완전히 새로운 벤처(venture)의 형태를 취한다. 전략적 제휴의 중요한 특징 가운데 하나는 장기적인(long-term) 전략적 목표(strategic goals)의 달성을 향해 각 파트너들이 이동하려는 경향을 뜻한다. 이러한 전략적 목적은 독립된 전략적 제휴를 가진 특징과 기업 간 협력(interfirm cooperation)이라는 앞의 형태와 구별된다. 데브린과 브리클리(Devlin and Bleakley, 1988, p.18)에 따르면, 전략적 제휴는 기업의 장기적인 전략적 계획의 상황에서 발생하며, 그리고 기업의 경쟁적인 위치를 개선시키거나 극적으로 변화를 추구한다. 기업의 경쟁적인 위치를 개선시키려는 데 초점을 둔 이러한 전략적 제휴의 정의는 중요한 마케팅 현상의 이념을 지지한다. 전략적 제휴의 또 다른 특징은 목적을 공유하며, 쌍방 파트너에 의해서 자원을 결속하는 것이다. 여기에는 물론 파트너십에서 생각할 수 없는 최고 경쟁기업 간의 제휴도 포함됨은 말할 나위가 없다.

전략적 제휴에는 여러 유형(multiple types)[15]이 있다. 고객 혹은 재

---

15) 제휴참여 기업의 목적 및 목표에 따라 다양한 형태의 전략적 제휴가 가능하며, 가장 보편적인 제휴방식으로는 제휴합작(alliance joint venture), 지분참여 등의 포트폴리오 및 업무제휴(연구개발 컨소시엄, 기술제휴라이센스, 생산라이센스, 제품스왑(OEM)을 들 수 있다. 이들 제휴 옵션의 공통점은 제휴에 참가하는 기업들 자신의 약점을 커버할 수 있도록 디자인된다는 것이다. 또한, 많은 전략적 제휴는 지분참여를 수반하나, 독일 지멘스사와 네덜란드 필립스사 간의 연구개발 제휴와 지멘스사와 제록스사 간의 조달 연구개발 협력관계에는 지분 참여가 이루어지지 않고 있다(권영철, 1994. p.31).

판매업자와의 파트너십, 신기술(new technology), 신제품(new product), 그리고 신시장(new markets)을 위한 실제적 및 잠재적 경쟁자와의 파트너십을 포함한다. 구체적으로 전략적 제휴에는 가장 단순하고 단기적 성격이 높은 제휴의 형태는 연구개발컨소시엄 또는 기술제휴이다. 고객의 제조 운영에 원재료, 부품 혹은 서비스의 원활한 흐름을 보장하기 위한 벤더와 고객 간의 형성된 새로운 벤처(venture)의 형태도 있다. 관련된 혹은 부합되는 기술의 개발, 신제품 혹은 제품 등급(class), 신시장의 개발에 있어서 협력을 위한 잠재적 경쟁자 간의 형성된 벤처의 유형도 있다. 몇몇 제휴는 제조업자와 재판매업자와의 형성된 경우도 있다. 모든 전략적 제휴는 파트너의 경쟁적인 위치를 제고하는 목적과 더불어 자본 및 관리 자원의 결합을 수반하는 파트너 간의 협력(collaborations)이다.

전략적 제휴는 거래(시장)의 위계의 목적인 위계의 연속성(hierarchy continuum)과 매우 밀접하지만, 아웃소싱처럼 기업 그 자체 내에서 기능을 내부화하지는 않는다. 대신에 관료적(bureaucratic) 및 관리적 통제(administrative controls)에 의해서 관리되는 독립된 법인(separate entity)을 설립하는 것이다.

다음으로 새로운 기업의 형성의 결과로 발생한 합작투자(joint venture)16)는 비록 그 용어가 가끔 상호 교환적으로 사용될지라도, 기업 간의 지분참여도가 높고 제휴 당사자들 간에 결속의 정도가 매우 높은 전략적 제휴의 축도(epitome)이다. 합작투자의 유일한 특

---

16) 합작투자는 기업 간 전략적 제휴가 기업의 전략에 중요한 역할을 하게 되고 제휴를 통해 보다 높은 범위의 경제성과 시너지를 창출하는 차원에서 선호되고 있다. 이것은 기능별 제휴처럼 하나의 기능이나 업무 분야에 국한되어 있기보다는 기업활동의 여러 분야에 걸친 종합적인 협력관계가 필요할 때 실행된다.

징은 다른 자원의 공유뿐만 아니라, 그 자체의 자본 구조를 가진 새로운 기업을 설립하는 것이다. 비록 설립 파트너들이 이후에 소유권 참여가 변경될지라도 합작투자는 전형적으로 영속성에 기반을 두고 설립한다. 제품개발 프로젝트와 같은 전략적 제휴의 또 다른 유형은 정의에 의해서 제한된 수명(finite life)을 가진다. 사실상, 전략적 제휴의 본질적인 유연성을 가진 이러한 제한성은 전통적인 조직형태와 비교해 볼 때, 전략적 장점 가운데 하나이다. 점증적으로 합작투자는 벤더와 고객 간의 가치사슬상(value chain)에서 복수의 파트너십과 제휴를 낳고, 핵심역량(core competence)[17]과 독특한 포지셔닝을 결정하기 위해서 모기업(parent)의 여러 문제와 직면하게 된다. 그 밖에 기업의 외적 성장을 위한 경영전략상 가장 적극적이고 대표적인 수단이 되는 합병매수(merger and acquisition)는 두 개 이상의 기업이 법률적·경제적으로 완전한 단일체가 되는 경우는 물론 법률적 독립성을 유지하면서 금융적으로 결합된 형태의 기업매수나 금융적 관련을 맺는 합작관계까지 포함된다. 또한 대기업의 분사(spin out)도 대기업에서 떼어내 독립시키는 스핀오프(spin off)보다는 모회사의 주식도 교차보유하고 지분의 1% 이상씩 보유

---

17) 하멜(Hamel, 1994)에 의하면, 핵심능력은 개별적인 기능이나 기술을 뜻하는 것이 아닌 다양한 개인 및 기업이 소유하고 있는 기능이나 기술의 종합을 의미한다. 공장, 브랜드, 유통망 등 정적인 것이 아니라, 유통망(월마트의 물류시스템), 공장운용 방식(예를 들면, 토요타공장의 린 생산방식), 브랜드(코카콜라의 광고) 등이 핵심 경쟁력을 구성하는 요소가 된다. 그는 핵심경쟁요소로 ①제품개발관리, 마케팅, 유통체제, 기술지원 등 고객에게 소구할 수 있는 시장접근 능력, ②품질, 사이클 타임 관리, 적시재고(JIT)관리 등과 같이 경쟁자에 대비한 높은 탄력성과 신뢰성을 제공할 수 있는 통합과 관련된 능력, ③고객에게 독특한 혜택을 제공할 수 있는 기능을 가진 제품에 투자할 수 있거나, 기능과 관련된 기술 등을 들고 있다.

해 분사기업에 대한 헌신도를 제고시킬 수 있는 스핀아웃(spin out) 형태도 있을 수 있다. 이상과 같이 기업 간의 협력의 발전과정을 요약하면 <그림 Ⅱ-6>과 같이 나타낼 수 있다. 또한, 협력에 대한 발전단계의 각 내용을 요약하면 <표 Ⅱ-1>과 같다.

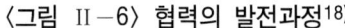

〈그림 Ⅱ-6〉 협력의 발전과정[18]

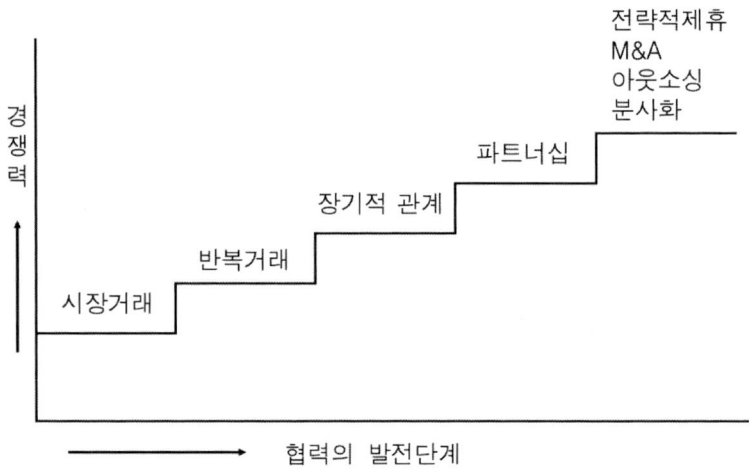

자료원: Webster, Frederick E., Jr(1992), "The Changing Role of Marketing in the Corporation" *Journal of Marketing,* Vol.56(October), p.5.를 필자가 수정.

---

18) 가령, 사람이 108개의 계단을 오를 때, 초기에 힘이 있을 때, 2~3개 단씩 뛰어오르다가 나중에 힘이 빠져 천천히 올라가는 경우와 처음부터 한 계단 한 계단씩 올라 정상에 오르는 것을 비교해 볼 때, 후자가 더 바람직 스럽다고 볼 수 있다. 오늘날 우리나라 기업은 내부역량의 부재 속에서 지나치게 외부 의존적 성장을 추구한 나머지 시간의 경과에 따라 더 많은 비용의 발생을 회피할 수 없었다.

〈표 Ⅱ-1〉 교환관계의 분류

특 징	시장 거래	반복된 거래	장기 관계	파트너십	전략적 제휴
분석 단위	판매자 혹은 구매자	구매자-판매자 교환관계	구매자-판매자 관계	구매자-판매자 관계	복수의 기업 간 관계
시간 관점	단기적임	단기적임	중장기적임	중장기적임	단기에서 장기
관계 목적 및 본질	운영적-임기응변	운영적-임기응변	운영적-지속적	전략적-지속적	전략적-임기응변
탐구 초점	특별한 거래 설명 및 예측	공급자의 선택을 설명 및 예측: 선택과정 이해	관계의 발전과 관계의 기능 이해	관계의 발전과 관계의 기능 이해	복수의 관계를 통한 네트워크 위치의 발전 이해
탐구의 메커니즘	자극과반응	상호작용 및 자극과 반응	상호작용	상호작용	상호작용
마케팅 관리 관점	세분화 및 포지션에 기초한 마케팅 믹스 관리	조작화된 제품/공급자의 요소를 통한 수주 혹은 계약 획득	관계구축 및 관리	중요한 자원 관계의 관리를 통한 유익한 시스템(system)의 구축 및 유지	중요한 자원관계의 관리를 통한 유익한 네트워크 위치의 구축 및 유지
조직 관점	기능적임	마케팅/'판매 센터'	기능 간 관계 강조	기능 간 관계의 강조	기능 간 관리

자료원: Möller and Wilson(1995), Business Marketing: *An Interaction and Network Perspective,* Kluwer Academic Publishers., p.7; Webster, Frederick E. Jr.(1992), "The Changing Role of Marketing in the Corporation" *Journal of Marketing,* Vol.56(October), pp.1-17; Sheth, Jagdish N.(1994), op. cit., 등을 종합하였음.

제2절 본 연구의 이론적 기반

(1) 관계교환이론

마케팅의 교환이론에 대한 발전이 제기된 이래(Bagozzi, 1979), 헌트(Hunt, 1983)는 마케팅의 개념에 대해 "마케팅의 본질은 교환관계"라고 주장하면서 논쟁의 종지부를 찍었다. 그러나 대부분의 마케팅 연구와 전략은 교환관계를 단속적인 관계로 간주함에 따라 사실상 관계적 측면의 연구는 비교적 소홀하였다(Dwyer, Schurr, and Oh, 1987).

맥네일(Macneil, 1980)은 교환을 단속적 거래(discrete transaction)와 관계적 교환(relational exchange)으로 구분하였으며, 단속적 거래의 원형(archetype)은 교환당사자 A, B 중에 A가 상품을 B에게 인도하면, B는 A에게 상품에 상응하는 대금지급으로 거래의 전후관계가 종결되는 거래형태이다. 이러한 거래형태는 신고전적 경제학의 거래로써 사실상 존재하기 어려운 비현실적일지 모르지만, 그 특징은 관계적 요소를 배제한 매우 제한된 의사교환과 간단한 내용(narrow content)을 포함한다. 예를 들면, 차를 타고 여행을 하다 보면, 찻간에서 물건을 파는 경우가 이에 해당된다고 볼 수 있다.

또한, <표 Ⅱ-2>의 전통적 마케팅과 관계마케팅의 특성에서처럼 교환유형과 관련된 핵심적 요소는 교환단계의 지속 혹은 시간적인 범위(time horizon)이며, 단속적인 거래는 한번의, 단기간(short time)의 사건으로 갑자기 시작하여 갑자기 끝나는 거래를 단속적인 거래로 보고 있으며, 거래적 교환(transactional exchange)이라고 말하기도 한다(Gundlach & Murphy, 1993).

〈표 II－2〉 전통적 마케팅과 관계마케팅의 비교

	전통적(거래) 마케팅	관계마케팅
마케팅 목표	· 교환이 마케팅활동의 목표	· 교환은 마케팅활동의 결과 · 교환은 장기적 하부구조가 되는 관계체계의 인프라 구축
마케팅 수단	· 마케팅믹스전략 중심 · 고객과의 거래와 관련한 제한된 의사교환	· 관계관리: 파트너십 관리 · 고객과 사회적 상호작용
초점	· 교환객체인 제품 · 교환주체인 소비자는 제품의 기계적 구입과 물품대 지불기능으로 인식	· 교환주체인 파트너 · 제품판매는 교환주체인 소비자의 사회적 활동의 결과
소비자	· 신규 소비자의 창출	· 단골의 유지관리
성과판단지표	· 교환객체비율: 시장점유율 · 시장점유율 이익과 비례 · 단기적 고도성장추구	· 교환주체비율: 고객점유율 · 고객점유율 이익과 고상관 · 장기적 안정성 추구
경쟁자 인식	· 경쟁관계	· 경쟁과 협력관계
환경기관 관점	· 환경결정론적 시각 · 환경적응에 관심 · 기업과 환경의 경계구분	· 환경관리론적 시각 · 환경의 개척에 관심 · 기업·환경 간 경계 불명확
소비자 관점	· 불특정 다수 대상 · 제품의 구매대상으로서 소비자 · 단기적 교환 가능성 있는 고객들 대상으로 물품의 이전중시(경제시스템적 사고)	· 특정목표고객과 관계유지 · 기업활동의 파트너로서 생활자 · 기업과 생활자가 공생하면서 공동의 이익추구: 고객이 머물 수 있는 환경설정 (사회시스템적 사고)
시간 영역	· 단기지향적임	· 장기지향적임

자료원: 김기찬(1996), "마케팅파라다임의 변혁과 관계마케팅",『마케팅포럼』, Vol.7(가을호), 제일기획, p.9.

반면에, 관계적 교환의 핵심은 의도적인 협력이며, 확장된 계획, 사회적 의존, 복잡한 운영망의 확립이 발생하고 높은 수준의 법칙,

윤리적 책임과 의무가 주어지는 형태이다(Gundlach & Murphy, 1993). 이러한 관계적 교환에서 비용과 효익은 상대적으로 복잡하고, 확장된 기간 동안 발생하게 된다. 구매자 - 판매자의 관계적 교환에서 효익은 감소된 불확실성, 관리된 의존관계, 교환의 효율성, 제휴에 따른 사회적 만족감 등이 있다. 가장 중요한 것은 목표를 달성하기 위한 효과적인 의사교환과 협력의 결과로써 획득하게 되는 높은 공동이익의 가능성이며, 교환관계의 효과성에 대한 구매자의 지각은 구매자의 전환장벽(barriers to switching)이 될 수도 있다는 점이다.

여기에서 관계적 교환의 현저한 특징은 관계적 계약이 시간의 흐름에 따라 발생한다는 것이다. 즉 각 거래는 그 역사와 예상되는 미래의 관점에서 살펴보아야 한다(Macneil, 1978, 1980).

최근 경영에 대한 불확실성의 고조와 고객들의 다양한 구매취향, 경쟁업체의 속출 등 예측 불가능한 경영환경에 대응하여 구매자 - 판매자의 관계가 상호 협력적인 관계로 변화되는 추세가 현저하며(Heide and John, 1990; Dant and Schul, 1992), 즉 지금까지의 단속적인 교환보다 지속적인 공동노력과 협력을 강조하는 관계적 교환의 중요성이 인식되고 있음을 의미한다(Dwyer, Schurr, and Oh, 1987; 김기찬, 1992).

이러한 관계마케팅은 신뢰와 의존에 기반을 둔 장기지향 협력관계의 이론적 토대를 이루고 있다(Anderson and Narus, 1990; Anderson and Weitz, 1989, 1992; Ganesan, 1994).

한편, 관계적 교환에서 이득보다 손실이 많은 경우도 발생할 수 있는데, 즉 관계유지는 자원이 필요한데, 다양한 목표를 가지고 있는 교환참가자들은 갈등이나 분쟁이 발생할 경우 경제적 혹은 심리적 자원이 소비되며, 다른 상대와 교환하지 못하게 됨으로써 기회비용이 발생하기 때문이다(Dwyer, Schurr, and Oh, 1987). Macneil

(1980) 이후 관계적 교환이론을 정립 발전시킨 Dwyer, Schurr and Oh(1987)는 미래의 협력을 위한 기반은 묵시적 혹은 명시적 가정이나 믿음에 따른 계획이라고 간파하였다. 관계적 교환에 참가하는 관계자는 복잡하고 개인적이며, 비경제적인 만족을 획득하게 된다. 또한 관계적 교환은 의무와 성과가 상대적으로 복잡하고 장기간에 걸쳐 발생하기 때문에 교환참가자들은 교환항목을 정리하고 측정하는 데 상당한 노력을 기울여야 한다.

뿐만 아니라 Macneil(1980) 이후, 관계적 교환에서 구매자-판매자 관계발전 과정은 일반적으로 인식(awareness) → 탐색(exploration) → 확대(expansion) → 결속(commitment) → 해지(dissolution)의 다섯 단계를 거치면서 형성된다고 주장하여 관계적 교환연구의 분수령이 되고 있다(Dwyer, Schurr, and Oh, 1987). 또한, 윌슨(Wilson, 1995)은 Dwyer, Schurr, and Oh(1987)의 연구에 기반을 두어 파트너 선택(partner selection), 목표의 정의(defining purpose), 관계 경계의 확정(setting relationship boundaries), 관계가치의 창출(creating relationship value), 관계유지(relationship maintenance)의 단계를 관계발전의 과정으로 제시하고 있다.

(2) 거래비용이론

거래비용이론은 전통적인 신고전 경제학(neoclassical economics)을 보완하는 신제도 경제학(new institutional economics)의 패러다임에 속한다. 비록 신고전적 경제학이 기업의 개념을 소홀히 하고 대부분 엄격하게 생산기능으로 간주하였을지라도(Barney and Hesterly, 1996), 거래비용분석은 명백히 기업을 지배구조(governance structure)로 간주한다. 코오스(Coase, 1937)[19]의 초기 명제 중의 하나는 기업과 시장이 그들의 거래비용과 상이한 대안적인 지배구조라는 것이었다. 그는 어떤 환경하에서도 시장(market)에서의 경제적 교환을 위해 행하는 비용은 기업 내에서 교환을 구체화하는 비용인 내부가격(internal price)을 초과할 것이라고 주장하였다. 이러한 맥락에서 거래비용은 "시스템을 운영하는 비용(costs of running the system)"이며, 계약을 기안하고 협상하는 것과 같은 사전적 비용(ex ante costs)과 계약서를 감독 및 집행하는 사후적 비용(ex post costs)을 포함한다.[20] 특히 여기에 산업재 거래의 경우 납기, 품질, 가격 등이 소비재에 비해 상대적으로 매우 중요하다[21]는 것은 말할 필요가 없다. 지난 20년 동안 윌리암슨(Williamson, 1975, 1985, 1996)은 시장 내에서보다 기업경계 내에서 더 적절하게 이루어지는 교환의 유형을 확인함으로써 Coase(1937)의 일반적 주장에 대해 상당히 정확함을 추가하였다. 즉 거래비용의 가장 일반적인 형태의 기원과 본질을 요약한 <표 Ⅱ-3>에서와 같이 거래비용이 관계를 관리하는 직접비용(direct costs)과 열등적인 지배구조 결정을 하는 기회비용(opportunity costs) 두 측면을 포함한다고 주장한 것이다. Williamson(1975, 1985, 1996)의 미시적 분석(micro-

---

19) 거래비용에 대한 초기 논문(1937)으로 노벨 경제학상을 수상했다(Coase, 1991). 거래비용분석은 경제학자에 의해서 강력한 지지를 받았으며(Williamson and Joskow, 1985), 또한 마케팅(Anderson, 1985), 사회학(Granovetter, 1985), 정치학(Moe, 1991), 조직이론(Barney and Hesterly, 1996), 계약법(Palay, 1984), 사업전략(Hennart, 1988), 기업재무(Smith and Schnucker, 1994)를 포함한 경제학을 초월한 다른 학문 분야에 이르기까지 관심이 확대되었다.

20) 거래비용(Williamson, 1985; Hennart and Anderson, 1993)은 거래와 관련된 4가지의 독립된 비용으로 분해할 수 있다. 즉 ①탐색비용(search costs), ②계약비용(contracting costs), ③감독비용(monitoring costs), ④집행비용(enforcement costs)이 그것이다(보다 구체적 내용은 다이어(Dyer, 1997, p.536)의 논문을 참조하기 바람).

21) 전인수(1992), "소비재거래에 있어서의 거래비용이론의 적용에 관한 연구", 『경영학연구』, 제22권(제1호), 한국경영학회, pp.173-192.

analytical)의 틀은 인간행동의 두 가지 가정인 제한된 합리성(bounded rationality), 기회주의(opportunism), 그리고 거래의 두 가지 중요한 차원인 자산특유성(asset specificity)과 불확실성(uncertainty) 간에 상호작용에 달려 있다고 하였다.

〈표 II-3〉 거래비용의 기원과 유형

	자산의 특유성	환경의 불확실성	행동적 불확실성
거래비용의 원천 지배구조문제의 본질	안전장치	적응	성과평가
거래비용의 유형 직접비 (direct costs) 기회비용 (opportunity costs)	기능안전장치의 문제	의사교환, 협상, 그리고 조정비용	심사 및 선발비용(사선비용) 측정비용(사후비용)
	생산적인 자산에의 투자 실패	부적응: 적응에의 실패	적합한 파트너를 확인하는 데의 실패 (사전비용) 노력의 조정을 통한 생산성의 손실(사후비용)

자료원: Rindfleisch, A. & Jan B. Heide(1997), "Transaction Cost Analysis: Past, Present, and Future Applications" *Journal of Marketing,* Vol.61(October), p.46.

거래비용이론의 기본적인 전제는 적응, 성과의 평가, 그리고 보호비용이 부재하거나 낮다면, 경제 행위자들은 시장지배구조(market governance)를 선호할 것이라는 것이다. 만약 이러한 관련비용이 시장의 생산비 이점을 초과할 만큼 충분히 높다면, 기업은 내부조직(internal organization)을 선호할 것이다. 이 주장에 대한 논리는 내부조직의 특성에 대한 확실히 앞선 가정과 거래비용을 최소화에 대한 기업의 능력에 근거한 것이다. 조직의 3가지 특유자산은 이러한 관점에서 적합하다. 첫째, 조직은 산출뿐만이 아니라 측정에 대한 능력과 보상 행동 때문에 시장보다도 오히려 이용할 수 있는 메커니즘을 통해 더 강력한 통제와 감독을 한다(Eisenhartdt, 1985; Oliver and Anderson, 1987). 결과적으로, 기회를 발견하고 적응을 촉진하면 기업의 능력은 제고된다는 것이다. 둘째, 조직은 촉진기회와 같은 본질적으로 장기적일 수 있는 보상력을 제공할 수 있다. 그런 보상의 효과는 기회주의 행동으로부터 결정적인(pay‐off) 고비를 감소시키는 역할을 한다. 셋째, Williamson(1975)은 조직환경의 가능한 효과를 알고서 조직문화와 사회화의 과정은 당사자 간의 일치된 목표를 낳을 수 있으며, 사전적인 기회주의를 감소시킬 수 있다고 주장하였다. 비록 거래비용이론의 초기의 프레임워크가 지배구조의 문제를 시장교환과 내부조직 간의 신중한 선택으로 간주할지라도, 현재의 이론은 명시적으로 내부 조직의 특징인 소유권이나 완전한 수직적 통합 없이 성취될 수 있다는 것을 인정한다. 다양한 하이브리드(hybrid) 메커니즘은 계약조항(contractual provision)과 자산 계약서(equity arrangement)와 같은 공식적 메커니즘의 범위에서 정보의 공유와 공동계획과 같은 비공식적인 메커니즘에 이르기까지 여러 연구문헌에서 확인되어 왔다(Noordewier, John, and Nevin, 1990; Palay, 1984).

그리고 거래비용연구에 대한 중요한 측면을 강조하면 첫째, 비용은 선택이나 정보의 수집과 관련된 사전적 비용 및 측정, 강화와 관련된 사후적 비용 두 측면을 발생시킨다. 둘째, 비록 직접비용으로써 잘 이해하지는 못할지라도, 적절한 기회비용은 기업성과의 중요한 결정요소일 것이다. 특유화된 자산을 이용하고 그리고 변화된 환경이나 더 일반적으로 "이룰 수 없는 가치 있는 거래(valuable deals that won't be done)"로부터 선행 이익에의 적용을 하는 데 따른 잠재적 무능력은 기업의 지배구조 결정이 협의의 의미에서 비용에 영향을 미칠 뿐만이 아니라, 가치의 중요한 요소라고 제안하였다(Zajac and Olsen, 1993).

거래비용분석의 명시적인 규범적 지향에도 불구하고, 자주 지적되는 관심사는 거래비용분석의 가이드라인에 따른 성과의 영향에 대한 실증적 반증이 상당히 제한적이라는 데 있다. 따라서 대부분의 연구는 기업의 결정이 성과에 어떻게 영향을 미치느냐에 대한 연구보다는 기업이 거래비용분석의 처방을 따르는 여부를 증명하는 것으로 제한되고 있다. 전이비용분석(transition cost analysis) 연구자들은 생존자들이 규범적 의사결정의 규칙을 추정하도록 한 계획적인 경쟁적 산업을 연구함으로써 이러한 기술적 지향의 접근법을 정당화하였다(Shelanski and Klein, 1995).[22]

거래비용분석을 통한 성과의 시사점에 대한 제한된 연구는 이론적 가치와 실증적 타당성을 충분히 평가하는 데 어려움이 있다. 첫째, 비록 거래비용이론이 지배구조의 결정에서 거래와 생산비(production costs) 간의 상쇄관계(trade-off)를 수반할지라도, 생산비의 역할을 연구한 논문은 거의 없다.

그 밖에, 소수의 연구자들이 생산비가 거래비용보다 지배구조에 더 큰 영향을 미친다는 것을 규명한 것처럼 생산비를 포함한 연구 가운데 차이(divergence)의 상당한 정도가 있다(Klein, Frazier, and Roth, 1990; Walker and Weber, 1984, 1987). 반면에 또 다른 연구가들은 바로 그 반대를 발견했다(Anderson, 1985; John and Weitz, 1988).

---

22) 거래비용이론의 많은 현재의 실증적 검증은 시장동인(market forces)이 거래와 지배구조 간의 효율적 분류를 해낸다는 절대적인 가정에 기초를 두고 있다. 그래서 실제상에서 관찰된 교환관계(exchange relationships)는 거래비용의 사용에 의해서 설명될 수 있다(Shelanski and Klein, 1995, p.338).

적절한 지배구조를 결정하는 데 있어서 거래비용과 비교하여 생산비의 역할을 명백히 규명하는 더 많은 연구가 필요하며, 생산비의 역할 이외에, 내부조직(internal organization)과 연관된 비용의 영향을 평가하는 연구의 필요성이 요구된다. 내부 조직비용(internal organization costs)의 본보기는 종업원을 감독하는 비용, 간접비를 관리하며, 정치적 사태로 인한 관료적 비효율성(bureaucratic inefficiency)을 포함한다(Anderson, 1985; Masten, Meehan, and Snyder, 1991). Williamson(1985)은 내부 조직은 시장과 관련한 미약한(low-powered) 자극과 같은 본질적 문제를 소유하고 있다고 인식하고 있다. 다른 학자들은 거래비용은 시장뿐만 아니라, 기업 내에 존재한다고 주장하였다(Demsetz, 1991; Dow, 1987; Eccles, 1985). 불행하게도, 내부 조직비용의 영향에 관한 실증적 연구는 매우 드물다. 내부 조직비용을 중심으로 한 소수의 실증적 연구 가운데 이러한 비용이 큰 해양 프로젝트의 경우 부품조달 총비용의 약 14%에 해당된다는 것을 규명하면서, 중요한 연구의 발견은 시장교환의 비용을 증가시킴으로써가 아니라 내부조직의 비용을 감소시킴으로써 자산의 특유성이 내부조직을 낳는다고 제안한 것이다(Masten, Meehan, and Snyder, 1991).

앞서 강조한 주요한 가정과 차원 이외에 거래비용분석의 틀은 또한 제3의 행동적 가정으로써 위험의 중립성(risk neutrality)과 제3의 거래차원인 거래빈도를 포함한다. 이러한 두 개념은 Williamson(1975, 1985)에 의해서 구체화되었지만, 거래비용이론의 연구 분야에서 제한된 관심을 받아왔다. 또한, 위험의 중립성에 대한 거래비용분석 가정의 타당성을 위한 이론적 토대를 제공하고 있지만(Chiles and McMackin, 1996), 이러한 가정의 실증적 검증은 없다. 지금까지 단지 소수의 거래비용분석 연구는 명실공히 거래빈도를 다루고 있다. Williamson(1975, 1985)에 따르면, 보다 높은 수준의 거래빈도는 계층적 지배구조를 이용할 수 있도록 기업에게 동기를 제공한다. 왜냐하면, "전문화된 지배구조의 비용은 재발하는 종류의 대부분의 거래를 회복하는 데 보다 용이할 것이기 때문이다"

(3) 자원의존이론

조직이론에서 과거 조직을 보는 관점이 전통적, 폐쇄적 시스템에서 탈피하여 개방적 시스템으로 그 시각이 바뀜(Katz and Kahn, 1978)에 따라 조직연구에 있어서 환경의 중요성이 매우 주목받게 된다(Scott, 1981). 최근 유통경로를 조직 간 시스템(interorganizational system)으로 간주함에 따라, 페퍼와 살란식(Pfeffer and Salancik, 1978)은 환경[23]과 조직 간의 관계에 관한 이론적 토대인 자원의존이론(resource dependence theory)을 체계화하였다. 그리고 자원의존이론

---

23) 자원의존이론의 관점에서 환경이란 조직이 생존하고 지속적인 성장을 구가하는 데 필요한 희소 자원으로 구성되어 있으며, 여기에서 자원은 인적, 물적, 그리고 무형적 자원 등이 포함된다. 따라서 자원의존이론은 조직과 환경을 희소한 자원을 매개로 상호의존하는 주체로 간주하고 있으며, 중심조직은 이러한 환경에 대한 자원 의존도와 그 불확실성을 감소시켜 힘의 우위를 통한 조직의 효과성을 극대화하는 것이 필요하다. Pfeffer and Salancik(1978, p.63)은 환경이 조직에 어떠한 영향을 미치는지 이해하기 위해 환경에 대한 인식하는 수준을 세 가지 단계로 구분하여 설명하고 있다. 먼저, 환경을 상호 연계된 개인과 조직들로 구성된 전체 시스템으로 인식하는 단계로 간주하고 있다. 둘째, 환경을 중심조직과 직접 상호작용하는 개인과 조직의 집합으로 인식하는 단계로서, 이 수준의 환경 단계는 조직의 행위를 결정하는 환경으로는 간주하지 않는다. 셋째, 과거의 경험에 의해 인지된 환경이 미래의 조직 행동에 영향을 미치기 위해서는 노출(exposure), 주의(attention), 이해(understanding), 보유(retention) 등 지각의 과정을 거쳐야 된다. 이 단계에서 조직구성원은 환경을 주관적으로 파악하고 행동하며, 이러한 수준의 환경을 제정 및 규정된 환경(enacted environment)이라고 부른다. 따라서 자원의존이론관점에서의 환경을 인식하는 수준에 해당된다.

의 관점에서 환경을 자원의 축적(resource pool)으로 간주하고 있으며, 또한 환경의 범위를 여러 학자에 의해 다양하게 분류[24]하고 있다(Emery and Trist, 1965; Katz and Kahn, 1978; Aldrich, 1979; Scott, 1981, Achrol, Reve and Stern, 1983; Achrol and Stern, 1988). 특히, Pfeffer and Salancik(1978)은 환경의 가장 기본적인 구조적 특성을 집중성(concentration), 풍요성(munificence), 상호연결성(interconnectedness)으로 분류·제시하고 있다. 여기서 집중성이란, 조직 내의 힘과 권위가 환경 속에 분산되어 있는 정도를 의미하며, 풍요성은 핵심자원의 가용성 정도, 즉 제공되거나 흡수되는 주요한 자원의 이용 가능성이나 풍족함을 나타내며, 상호연결성은 조직체의 구성원과 이들 구성원 간의 연결된 숫자 혹은 유대의 형태를 나타낸다. 기존의 조직이론에서는 환경과 조직을 정보의 원천으로서의 환경과 자원의 원천으로서의 환경으로 분류하였는데, 전자는 조직을 문제해결 혹은 의사결정체계로 보고 환경을 조직의 문제해결 또는 의사결정을 가능케 하는, 의사결정자에게 지각되어 제정한 정보의 원천으로 간주하고 있다. 따라서 조직구성원에 의해 지각된 환경에서의 정보의 변화가 곧 조직구조 변화의 동인으로 보았다(Aldrich, 1979, p.123).

이러한 관점에서의 환경은 불확실성(uncertainty)을 중심 개념으로

---

24) Emery & Trist(1965)는 조직과 환경 간의 상호의존성의 특성 및 환경 속의 자원분포의 특성에 따라서 평온·무작위적 환경(placid-randomized environment), 평온·집약적 환경(placid-clusterd environment), 혼란·반응적 환경(disturbed-reactive environment), 동요의 환경(turbulent field)으로 분류하고 있으며, Aldrich(1979)는 안정적 및 분산된 환경(stable, dispersed environment), 안정적 및 집중된 환경(stable, concentrated environment), 불안정 및 집중된 환경(unstable, concentrated environment), 불안정 및 집중된 동요의 환경(unstable, concentrated and turbulent environment)으로 분류하고 있다.

간주하여, 구조적 상황이론(structural contingency theory)의 기반이 된다. 자원의존이론은 후자를 채택하고 있으며(Aldrich, 1979, p.110), 개방적 시스템관점에서 조직의 생존을 위해 환경의 자원과 거래하여야 하는데, 중심적 조직(focal organization)의 중요한 자원을 소유한 유관한 조직과는 상호의존(interdependence) 관계를 형성하게 된다. 즉 자원의존이론은 조직을 환경과 관계를 맺고, 상호작용하는 희소한 자원을 획득하기 위한 이해자 관계의 제휴(coalition)로 간주하고 있다. 이것은 여타 조직들에 대한 의존이 조직체의 행동을 결정하는 중요한 요소임을 시사해 준다. 따라서 조직은 조직의 생존과 성공에 대한 자원의 중요성 여부에 따라 영향력(influence)과 통제(control)가 협상되고 분배되는 준시장(quasi‑market)의 성격을 띠고 있으며, 관계자 간의 의존구조가 불균형적일 때, 힘(power)은 관계자 중에 의존관계가 적은 쪽에서 발생하게 된다(Pfeffer and Salancik, 1978, pp.36‑53).

의존은 초기에 조직체 내의 구성원 간의 권력관계를 설명하는 것이었으나, 조직 간 의존 관계 수준으로 확대되었으며(Zald, 1970), 특히 사회교환이론(social exchange theory)을 토대로 조직과 환경 간의 자원의존론적 관점으로 정립된 것이다(Pfeffer and Salancik, 1978).

조직이 다른 조직에 의존하는 결정요인으로 자원의 중요성, 자원의 배분과 사용에 대한 재량권 여부, 대체안의 정도 혹은 자원의 집중도에 달려 있다고 주장한다(Pfeffer and Salancik, 1978). 먼저, 자원의 중요성(resource importance)은 조직이 지속적인 운영과 생존을 위해 자원을 필요로 하는 정도를 뜻하며, 자원의 중요성을 다시 교환의 상대적 크기와 자원의 중대성(criticality)으로 구분하고 있다. 전자는 조직에 필요한 총 투입의 비율 또는 총산출의 비율을 평가함으로써 파악되며, 후자는 조직이 특정한 투입자원이 없거나 산출물을 판매하는 시장이 없어도 조직이 그 본래의 기능을 지속할 수 있는 능력으로 평가된다. 이것은 특정한 자원의 비중이 작더라도, 그 자원이 조직의 생존에 필수불가결할 경우 자원의 중대성이 크다는 것을 말한다. 자원의 중요성 여부는 환경의 변화에 따라 달라질 수 있다. 가령, 중요한 자원이 불확실성과 불안정성에 직면하게 되면, 조직은 생존에 위협을 받게 되기 때문에 조직의 안정화를 추구하거나 조직 구성원은 조직을 이탈하고자 한다. 둘째, 중심조직(focal organization)과 관련된 이해자 조직이 자원의 할당과 사용에 대해 재량권을 가지는 정도를 말한다. 이 재량권은 힘의 주요한 원천으로써 자원이 희소할수록 더욱 중요하게 된다. 중심조직은 재량권이 큰 조직에 더 의존하게 되며, 자원의 사용에 대한 재량권의 토대는 단순히 자원을 소유하는 것뿐만이 아니라, 자원에 대한 접근을 통제, 자원에 대해 실제적 사용과 통제, 자원의 소유, 배분, 사용에 대한 규제를 범규화할 수 있는 능력 등을 포함한다. 예를 들면, 1991년 미국의 지이(GE)는 공업용 다이아몬드 시장을 석권하여 모든 부분에서 힘의 중심에 있었으나, 한국의 중견 기업이 독자적으로 국산화함으로써 지적 재산권 침해를 들고 나와 시장 진입(market entry)을 원천적으로 봉쇄했을 경우를 상기해 볼 수 있다. 마찬가지로 마이크로소프트(Microsoft)사도 소프트웨어의 개발로 타기업들이 개발하지 못하도록 지적 재산권의 보호와 자원의 소유, 배분, 사용에 대한 법규화를 모두 갖추고 있다. 셋째, 대체안의 정도 또는 자원의 집중도(concentration)에 대한 관련된 이해조직에 의해 통제되는 정도를 의미한다. 이것은 공급자 혹은 구매자가 소수이어야 한다는 것이 아니라, 중심조직이 다른 원천으로부터 자원을 획득할 수 있는 가능성의 정도를 말한다. 그러나 중심조직에서 중요하지 않는 자원은 그 자원에 대한 소수의 조직이 통제되는 정도가 높더라도 의존성은 낮으며, 설사 자원의 집중도에 대한 정도가 높더라도, 관련 조직이 통제하지 않으면, 중심조직은 관련조직들에게 그 의존도는 낮게 된다.

그래서 조직은 생존과 성장, 그리고 발전을 위해 외부환경에 의존하게 될지라도, 가능한 한 외부환경의 제약에서 탈피하여 자율성을 확보하려고 노력한다. 즉 자원의존성을 탈피하고자 조직은 여러 가지 전략을 수립하고 이행한다(Pfeffer and Salancik, 1978, pp.108-109). 가령, 단적인 예로 종합 전자회사가 어떤 부품에 대해 단일 구매(single vendor)를 할 경우 지나친 의존에서 벗어나기 위해 구매를 이원화(multi vendor)하는 것을 쉽게 목격할 수 있다(권기대, 1998b).

요약하면, 자원의존이론의 핵심적 내용은 첫째, 조직에 대한 외부적 제약의 문제로서, 조직은 핵심적 자원을 통제하는 환경에서의 다른 조직이나 집단의 요구에 적절히 반응해야만 한다. 그러므로 상호의존적인 조직 간의 힘의 문제가 제기되며, 이러한 조직 간의 힘이 조직의 행동에 영향을 미치게 된다. 둘째, 경영자들은 조직의 생존을 위해서 그리고 가능하면 환경의 제약으로부터 더 많은 자율성과 재량권을 획득하기 위해서 외부적인 의존관계를 관리하려고 한다. 이를 위한 방법으로 조직변화전략, 자원의존이나 통제를 회피하기 위한 전략들이 논의된다.

(4) 기업문화이론

문화는 원래 문화인류학의 주요 연구과제이다. 문화가 무엇인지 정확하게 정의를 내리려면 사람마다 각기의 견해가 달라서 공통의 정의를 도출하기가 매우 어려운 것이 사실이다. 문화는 사회를 구성하고 있는 모든 사람들이 공동으로 소유하고 있는 거시적이고 종합적인 개념이다. 조직문화 개념을 기업체에 적용한 것이 곧 기업 문화로서 다양하게 정의될 수 있지만, 문화개념의 원천인 사회문화 적 관점에서 접근하는 것이 바람직하다. 한 조직체의 구성원들이 공유하고 있는 가치관(value)과 신념(belief), 이념(ideology)과 습관(habit), 규범(norms)과 전통(tradition), 그리고 지식(knowledge)과 기술(skill)을 모두 포함한 종합적인 개념으로서 조직구성원과 조직체 전체의 행동 형성에 영향을 주는 중요한 요소로 인식하고 있다(Parsons, 1973; Denison, 1990). 또한 조직문화를 강하게 공유된 핵심가치라고 주장한다(O'Reilly, 1989).

한편, 일본능률협회 연구소는 기업문화를 기업이 갖는 독자적 문화이며, 다른 기업이나 조직과 구별되기에 충분한 행동양식이나 활동, 즉 유기적인 운영의 총체라고 정의를 내리고 있으며, 정신적 동일성(mind identity), 행동양식의 동일성(behavior identity), 시각적 동일성(visual identity)으로 구성되어 있다고 주장하고 있다(올기업, 1991).

그 밖에, 페티그루(Pettigrew, 1979)는 조직문화를 상징, 언어, 이념, 신념, 의식, 전통 등 조직체 개념의 총체적 원천으로 보고 있다. 오우찌(Ouchi, 1981)는 조직문화를 조직체의 전통과 분위기로 정의하면서, 조직의 가치관과 신조, 그리고 행동패턴을 규정하는 기준으로 보고 있다. 피터스와 워터만(Peters and Waterman, 1982)은 스토리, 신화, 전설, 슬로건, 우화와 같은 상징 수단에 의해 전달되는 지배적이고 일관된 공유가치의 집합이라고 정의했다.

이와 같이 여러 학자들에 의해 다양하게 정의된 의식 수준에서 본 조직문화의 개념을 쉐인(Schein, 1985, 1990)은 문화인류적인 집단심리를 토대로 하여 의식 수준에서의 기업문화 개념을 설명하고 있다. 즉 기업문화를 기업구성원과 기업체 전체의 행동에서 나타나는 거시적인 개념으로 볼 때, 구성원 행동과 기업체 행동에는 가시적(visible) 수준의 가공물과 창조물(artifacts and creations), 인식적 수준(awareness)의 가치관(value) 그리고 잠재적(preconscious) 수준의 기본 가정(basic assumptions) 세 가지 범주의 의식체계가 상호작용하고 있다고 한다.

결론적으로, 기업문화에 대한 여러 학자들의 개념과 정의를 종합해 볼 때, 기업문화란 조직구성원들이 공유하고 있고 구성원행동과 전체 조직체 행동에 기본전제로 작용하는 조직체 고유의 가치관과 신념, 규범과 습관 그리고 행동패턴 등의 거시적 총체라고 할 수 있다. 따라서 기업의 문화는 기업의 전략집행과 성과에 중요한 영향을 미칠 수 있다는 것을 주목할 필요가 있다.

시스템적 관점에서 조직문화는 상위시스템과 하위시스템의 두 가지 관점에서 접근할 수 있다(이학종, 1997). 전자의 경우 조직은 사회문화, 산업 및 기술, 환경, 그룹문화 등의 영향을 받으며, 후자의 경우 기업문화는 각 기업의 문화적 특성이 달리 나타날 수 있는 다양한 하위문화로 구성되어 있다고 한다(Pascal & Athos, 1981). 즉 파스칼과 에토스는 기업문화를 <그림 Ⅱ-7>과 같이 공유가치(shared value)를 중심으로 한 하위시스템인 전략(structure), 구조(structure), 관리시스템(system), 구성원(staff), 기술(skill), 리더십 스타일(style)의 총체로 파악하고 있으며, 7S 개념으로 분류하고 있다. 기업문화의 일곱 가지 요소들은 상호 간에 밀접한 관계를 맺고 있으며, 조직은 이들 요소 간에 상호 일관성 있는 적합관계를 유지함으로써 조직체 목적을 달성하는 데 전체적인 효과를 극대화시킨다.

1) 공유가치(Shared value)

기업문화의 첫째 구성요소는 조직 구성원들 모두가 공동으로 소유하고 있는 가치관과 이념, 그리고 전통가치와 기업의 기본 목적 등 기업체의 공유가치이다. 즉 기업 간의 협력에서 파트너의 행동, 목표, 그리고 정책의 중요 여부, 적합성 여부, 그리고 옳고 그름에 대한 일반적으로 믿음을 가지는 정도라고 말할 수 있다. 예를 들면, 하이드와 존(Heide and John, 1992)은 적절한 행동과 관련되기 때문에 규범(norms)은 공유가치라고 주장하였으며, 마찬가지로 Dwyer Schurr, and Oh(1987, p.21)는 공유가치란 결속과 신뢰의 발전에 기인할 수 있다고 가정하고 있다.

가치는 기업문화의 정의에 중요하다(Enz, 1988; Weiner, 1988). Schein(1990, P.111)은 기업문화가 인공적인 창조물, 가치관, 기본 믿음의 세 가지 계층으로 구성되어 있으며, 이 계층들 간의 상호작용을 통해 변화·발전해 나간다고 했다. 가치는 광범위하고 강력하게 유지될 때 문화를 반영한다(Schein, 1990; Weiner, 1988). 고용 환경에서 적합한 사람-조직의 가장 좋은 측정이라고 믿는 것을 제공해 주기 때문에(Caldwell and O'Reilly, 1990; Chatman, 1991), 공유가치는 특히 조직의 결속 분야에서 조직 연구자들에게 매우 관심 있는 변수가 된다(Chatman, 1991). Kelman(1961)은 사람의 태도와 행동은 ①보상과 체벌 또는 순응(compliance), 서로 다른 사람이나 집단 혹은 신원 확인(identification)과 관련된 욕구 ②서로 다른 사람이나 집단 혹은 내부화(internalization)와 같은 동일한 가치를 가지는 것을 낳는다고 주장하였다. 그러므로 조직의 결속 분야는 가끔 두 종류의 결속으로 구별한다. ①조직의 가치를 사람들이 공유하고, 일체화하거나 혹은 내부화함으로써 발생되며, ②조직, 즉 이익과 손실, 플러스와 마이너스 혹은 보상과 체벌을 부가함으로써 지속적인 관계의 도구적 가치에 대한 인지적 평가를 함으로써 발생한다. 조직 행동 연구와 일관성 있게 우리는 교환 파트너가 가치를 공유할 때, 그들은 사실상 그들의 관계를 더 결속할 것이지만, 우리의 결속에 대한 정의는 도구적이든지 아니면 동일시/내부화 요인에 의해서 야기되는지에 대해서 중립적이다. 본 연구에서는 기업문화의 핵심 구성요소인 공유가치를 설명변수로 도입하고 있다.

〈그림 II-7〉 기업문화의 구성요소

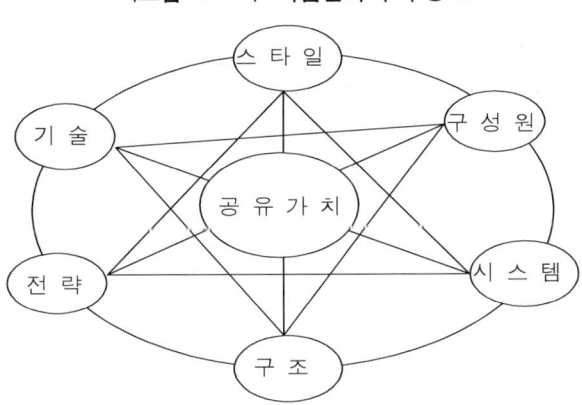

자료원: Pascale, Richard T. and Anthony G. Athos(1981), *The Art of Japanese Management,* New York: Penguin Book p.203; Peters, Thomas J. and Robert H. Waterman, Jr.(1982), *In Search of Excellence,* New York: Harper and Row, Publishers, p.10.

2) 전략(Strategy)

전략은 기업문화의 둘째 구성요소로 기업체의 목적 달성을 위한 기업체의 장기지향 계획과 자원배분 패턴을 포함한다. 이것은 조직체의 장기지향과 조직체의 기본 성격을 결정하는 중요요소로서 조직체의 공유가치를 중심으로 이를 달성하기 위한 조직체 운영에 장기지향적 틀(framework)을 제공함으로써 다른 구성요소들에 많은 영향을 준다.

3) 구조(Structure)

구조는 조직체의 전략을 수행하는 데 필요한 조직구조와 직무설계, 권한관계와 방침·규정, 그리고 구성원들의 역할과 상호 연관관계 등 조직 구성원 행동에 영향을 주는 공식요소들을 포함한다. 따라서 구조는 관리시스템과 더불어 구성원들의 일상 업무수행과 행동에 많은 영향을 준다.

4) 관리시스템(System)

기업문화를 구성하는 또 하나의 중요한 요소는 기업체 경영의 의사결정과 일상 운영에 틀이 되는 관리제도와 절차 등 각종 시스템이다. 따라서 시스템은 기업체의 주어진 조직구조하에서 조직체 목적과 전략을 실제로 달성하는 데 적용되는 모든 제도와 시스템으로서 커뮤니케이션 제도, 의사결정제도, 경영정보시스템, 보상제도와 인센티브, 목표설정 제도, 결과 측정과 조정·통제 등 경영 각 분야의 경영관리제도와 절차 등을 말한다.

5) 구성원(Staff)

기업문화는 조직 구성원들의 행동을 통하여 실제로 나타난다. 따라서 구성원은 기업문화의 구성요소로서 조직체의 인력구성과 구성원들의 능력과 전문성, 가치관과 신념, 욕구와 동기, 지각과 태도 그리고 그들의 행동패턴 등을 뜻한다. 조직 구성원들의 가치관과 행동은 조직이 의도하는 기본가치에 의하여 많은 영향을 받고 있고, 인력구성과 전문성은 조직이 추구하는 전략에 의해서 지배된다.

6) 기술(Skill)

기술도 기업문화를 형성하는 중요한 요소이다. 가령, 각종 기계·장치와 유통물류시스템, 컴퓨터 통합생산시스템(CIM) 및 정보처리 분야의 하드웨어는 물론 이를 사용하는 소프트웨어 기술을 포함한다. 뿐만 아니라, 구성원들에 대한 동기부여와 행동강화, 갈등관리와 변화관리, 목표관리와 예산관리 등 기업체 경영에 적용되는 관리기술과 기법도 포함된다.

7) 리더십스타일(Style)

최고경영자(CEO) 및 조직구성원들의 행동경향과 행동패턴, 리더십 스타일 등을 말한다. 조직구성원 간의 상호관계, 집단 간의 관계, 그리고 리더와 부하 간의 상호관계에 있어서 기본 성격을 지배하는 요소로서 기업문화와 조직분위기에 직접적인 영향을 준다.

(5) 의사교환이론

기업 간의 의사교환이 경로의 성과를 제고시키는 데 어떻게 잘 관리될 수 있는지에 대해 관심이 지속적으로 고조되고 있으며(Anderson and Narus, 1990; Anderson and Weitz, 1989, 1992; Boyle et. al., 1992; Frazier and Rody, 1991), 경로의 의사교환이 효과적인 경로기능에 핵심적(Mohr and Nevin, 1990; Stern, El-Ansary and Brown, 1992)이라고 하였다. 또한 브리크와 언스트(Bleeke and Ernst, 1991)는 성공적인 기업 간 교환에 대해 가장 중요한 요소는 의사교환이라고 주장하였다. 즉 가장 주의 깊게 설계된 관계는 훌륭하며, 빈번한 의사교환 없이는 사상누각에 지나지 않는다고 주장하였다. 의사교환이란 기업 간 관계에 있어서 공식적 또는 비공식적인 경로를 통해 적절하고 중요한 최신 정보들을 교환하고 공유하는 활동으로 정의를 내릴 수 있다(Anderson and Narus, 1984). 이 정의에 따르면 의사교환은 정보의 양이 아니라, 과거 교환된 정보의 유용성에 그 무게를 두고 있다. 다시 말해서, 의사교환 측정 척도는 응답자에게 파트너 기업과의 가장 최근 의사교환 활동들의 유용성에 대한 질문에 국한되어 있다.

사실상, 경로상에서의 의사교환에 관한 이론적 및 실증적 연구의 부족은 경로관리자들에게 효과적이고 효율적인 의사교환을 제시하는 데 한계가 있었다. 경로관리에 더 많은 의사교환(more communication), 개선된 의사교환(improved communication), 그리고 개방된 의사교환(open communication) 등과 같은 현재의 주먹구구식 표현은 단순하고 부정확한 측면의 여지가 있음은 말할 나위가 없다. 예를 들면, 만약 불신이나 갈등이 경로구성원들 간에 존재할 경우에, 소위 개방적 의사교환이 위협이나 또 다른 강제력(coercive power)을 전달한다면, 개방적 의사교환은 관계에 치명적일 수 있을 것이다.

일찍이, 마케팅 경로상에서 협약의 준수와 오해 발생의 예방에 있어 솔직한 의사교환의 역할을 강조하였으며(Arndt, 1979), 의사교환은 설득적인 정보(persuasive information)의 전송(Frazier and Summers, 1984) 및 참여적 의사결정(participative decision)이 촉진되며(Anderson, Lodish, and Weitz, 1987), 프로그램이 조정되고(Guiltinan, Rejab, and Rodgers, 1980), 그리고 힘이 행사되며(Gaski, 1984), 결속과 충성(commitment and loyalty)이 촉진되는 일련의 과정으로서, 조직 간이나 경로상의 파트너 구성원들 간의 상호편익을 실현하는 데 있어 접착제(glue)로서의 역할을 수행한다(Mohr and Nevin, 1990, p.36)고 볼 수 있다. 경영적 중요성은 의사소통의 어려움이 경로문제의 가장 중요한 원인이라는 사실로부터 발생한다. 조직 간 또는 유통경로상에서 파트너 간의 많은 현안들은 구매자와 판매자 간의 의사교환에 대한 적절한 전략을 개발함으로써 해결될 수 있다. 가령, 한 컴퓨터 유통업자가 제조업자로부터 직접적으로 그들의 사업에 영향을 미치는 프로그램에 대한 의사결정과정에서 무시되었다면, 쌍방 간의 어떠한 성과도 달성될 수 없을 것이다. 또한 에트거(Etgar, 1979)는 갈등이 그릇된 이해, 부정확한 전략과 좌절감에 대한 상호 감정에서 유발하는 비효과적인 의사교환에 의해서 생긴다고 주장하였다. 따라서 정보의 개방적 공유를 통해 파트너 간의 상호이해를 제고시켜 주는 의사교환은 파트너 간의 공동의 경영계획과 프로그램, 목표와 역할의 정립, 그리고 성과의 평가 등에 관해 충돌을 제거해 주고 역할과 경영활동을 조정함으로써 관계의 지속성에 대한 확신과 활성화를 진작시킬 뿐만 아니라 역기능적인 갈등을 감소시키는 역할도 수행한다(Anderson and Weitz, 1989).

조직 간 협력에 있어서 경로시스템 내에 가장 중요한 것은 협력적인 의사교환이다. 이것은 집약적인, 관계구축의 의사교환국면의 구체적 결합에 의한 것으로 관찰할 수 있다. 이러한 양상은 빈도 (frequency), 쌍방향성(bi‐directionality), 공식성(formality), 그리고 영향시도의 내용을 수반한다(Mohr and Nevin, 1990). 의사교환의 이러한 차원의 증가된 수준은 결속(Anderson and Weitz, 1992; Morgan and Hunt, 1994), 만족(Keith, Jackson, and Crosby, 1990) 그리고 조정과 결합하는 것으로 발견되었다. 또한 구매자‐판매자 간의 관계마케팅의 선구자적 연구를 한 Dwyer, Schurr and Oh(1987)는 신뢰증진과 같은 관계강화는 의사교환을 촉진시킨다고 주장하고 있으며, Anderson, Lodish and Weitz(1987)는 의사교환을 통해 관계강화가 이루어진다고 가정하고 있다.

결론적으로, 구매자 – 판매자 또는 벤처기업 – 대기업의 협력의 강화는 파트너 간의 생산적이고 활발한 의사교환이 관계증진을 가져오고, 관계가 증진될수록, 더욱더 의사교환은 활발해지며, 관계의 정도도 비례하여 강화될 것이다.

(6) 네트워크이론

다른 사회적 행위와 마찬가지로 기업의 경제적 행위도 사회구조에 의해 제약을 받고, 의도하지 않은 결과를 초래하거나 기대하지 않은 사건에 의해 불이익을 받기도 한다. 제도적 비효율성과 같은 구조적 요인들은 정보의 생산비용이나 사회 내의 분포에 영향을 주면서 시장에서 결정된 가격이 미래의 우발사건을 충분히 반영하지 못하게 한다. 즉 시장에서 이루어지는 개별 기업의 전략적 의사결정은 기업 내부의 자원의 특이성(idiosyncrasy)에 의해 영향을 받기도 하지만 기업 외부의 구조적 요인에 의해 영향을 받기도 한다. 따라서 어떠한 제도환경에 기업이 속해 있는가를 아는 것은 그 기업이 어떠한 행동을 할 것인가를 예측하는 데 매우 중요하다(배종훈, 1998). 개별 기업이 직면하고 있는 이러한 제도환경을 조직군 수준에서 집합하면 일종의 사회구조(social structure)의 결과로 해석할 수 있다. 앞서 언급한 자원의존접근에서는 환경의 불확실성 측면에서(Pfeffer & Salansik, 1978) 혹은 기업전략연구에서는 산업 내의 경쟁구조(Porter, 1980)로 각각 사회구조를 모형 내에 도입하고 있다.

사회경제적 관계는 일반적으로 행위자 간의 명시되지 않은 관계를 지칭하는 단순한 비유 혹은 은유적 용어로 사용될 수 있지만, 분석적으로는 관계의 관찰된 내용에 따라, 즉 경제적 관계인가 비경제적 관계인가 혹은 친소관계인가 권력관계인가 등 상이한 유형을 가지는 연결망(network)으로 정의할 수 있다.

　연결망 구조 개념은 실증적으로 다음과 같은 장점을 가지고 있다. 먼저, 과거에는 구조의 측정을 위해 수많은 노력이 있었지만 여전히 개념을 실증연구의 범위 밖으로 놓은 반면에, 관찰 가능한 연결망은 시스템 내의 행위자의 관점에서 구조를 묘사할 수 있게 한다. 사회구조란 개별 행위로부터 생성되며 개별 행위의 반응에 따라 변동하게 된다는 견해와 동일한 선상에서 사회연결망(social networks) 연구자들은 행위자들 간의 상호작용의 관찰 가능한 형식으로부터 구조를 파악하려고 해왔다(Cook & Whitmeyer 1992). Emir-bayer and Goodwin(1994)은 연결망이 가지는 관찰 가능성의 의의를 다음과 같이 설명하고 있다.

　둘째, 구조기능주의적인 조화로운 규범으로서의 구조를 반박하는 Giddens(1991)의 구조의 이중성을 적절히 측정하는 구성타당성을 연결망의 개념은 지니고 있다. 개별 행위자가 특정 관계를 형성하려는 의도와 기대되는 효과가 기존에 존재하고 있는 타자의 관계의 성격에 의해 좌우되는 과정을 연결망 전체(global network)의 특성과 개별 행위자의 부분적 네트워크(local network)의 특성과 비교하여 분석할 수 있으므로 구조의 이중성을 모형 내에서 다룰 수 있게 된다. 게다가 사회관계의 연결망은 이미 방법론의 완숙기에 접어들고 있는 사회연결망분석(social network analysis)의 기법을 이용하여 실증적으로 연구할 수 있다. White 등(1976)은 사회구조를 '구체적 구성체 간의 관계유형에서 나타나는 집합적 규칙(regularities)'이라고 정의하면서, 연결망이야말로 '사회구조의 이론을 구성할 유일한 방법'이라고 강조하고 있다.

　네트워크 효과는 개별 기업의 행동과 경제적 성과, 특히 시장에서 벌어지는 기업 간 경쟁에 미치는 사회구조의 영향을 의미한다.

이러한 영향은 학자들마다 상이한 용어로 정의되고 있다.[25] 사회네트워크 분석에서 네트워크란 행위자의 집합과 그 집합에 대하여 정의된 관계로 규정된다(Wasserman & Faust, 1994). 일단 네트워크가 형성되면, 네트워크 효과는 행위자의 상의 위치나 전체 네트워크의 구성 등과 같은 상이한 구조적 제약으로 인하여 행위자 간에 차별적으로 구현된 경제적 성과 혹은 기업전략으로 정의된다.

현실적으로 대규모 조직의 출현과 주기적인 경기변동, 시장의 실패는 시장에 대한 사회학적 요인의 영향을 인정하게 하였다(Demsetz, 1997; Porta et al., 1997). 이러한 현상을 이해하는 데 있어 '행위와 구조 간의 대립'을 해소하려는 노력으로 네트워크 효과의 중요성이 대두되었다(Emirbayer & Goodwin, 1994). 즉 경제는 사회의 일부분이고 네트워크의 형태에 따라 그 효율성도 변이를 보이게 된다. 사회제도 내에 유통되는 신뢰의 양을 효율성에 대한 한 선행요인으로 지적한 Fukuyama(1995)의 주장은 이러한 맥락에서 이해할 수 있다. 이와 관련하여 Zukin과 DiMaggio(1990)는 경제행위의 사회적 배태성은 신고전경제학 모형이 고려하지 않은 상황들을 분석하게 한다. 즉 네트워크는 시장교환을 유도하며 시장 내외에서 참여자들 간의 공개적인 혹은 암묵적인 조정을 유인한다.

Polanyi 등(1957)과 White 등(1981)은 시장은 일물일가의 원칙에 따라 단지 가격기구만이 작동을 하는 진공상태가 아니라 시장참여자의 네트워크의 구조에 의해 운영된다는 것을 주장하였다. 일반적인 기업들은 환경에 대한 자원의존을 통제하기 위해 혼합거래유형(hybrid interface) 전략을 사용하는데, 이러한 전략은 경제적 효율성 이외에도 비록 효율적이지 않지만 장기적인 관점에서 가까운 사회

---

25) 일례로 경제적 행위의 배태성(Granovetter, 1985) 혹은 연결망 효과(Uzzi, 1996) 등을 들 수 있다.

적 관계를 고려하여 거래 당사자를 선정하는 것까지 포함한다. 단 개별 기업의 환경에 대한 자원의존도가 네트워크를 거래에 이용하는 정도를 결정하게 된다. 이러한 시장에서 정보란 균등히 배분되기 보다는 특정한 사람들 간의 상호작용을 통해서 차별적으로 배분된다(Lee, 1995). 따라서 자원의존도 이외에도 정보의 비대칭이나 기회주의적 행동 등으로 인한 불확실성 때문에 선의의 거래당사자를 원하는 기업들은 네트워크를 이용하기도 한다(Zucker, 1986). 경제적 교환은 일정한 사회적 관계 내에서 제한적으로 발생하게 된다. 즉 시장에 참여한 개별 기업에 관한 정보를 완전하게 수집할 수 없고, 특정 기업에 대한 지나친 의존이 경영의 자율성과 성과에 제약을 주기 때문에 기업들은 의도적으로 네트워크를 관리하려고 한다. 자신이 어떠한 기업을 거래당사자로 가지고 있는가에 따라 제3의 잠재적 거래당사자에게 소개될 확률이 변하게 되고, 자신과 당사자 간의 거래가 제3의 시장참여자의 영향력을 감소시킬 수도 있기 때문이다. 이렇게 제한적으로 반복되는 거래는 당사자들이 자산특이성(asset specificity)이 높은 투자를 가능하게 하기 때문에 거래비용을 더욱 절감시키는 결과를 초래한다(Williamson, 1985; Powell, 1990). 따라서 시장 내에서 어떠한 사회적 관계에 자신을 배태시키는 가는 기업 간 경쟁의 성공에 중요한 요인 중의 하나이다(Granovetter, 1985).

네트워크의 성과와 관련하여 Uzzi(1996)는 뉴욕의 섬유산업에서 장기적인 거래관계가 기업의 성과에 미치는 과정을 연구하였다. 개별 기업의 사회적 관계의 양, 즉 거래를 하고 있는 하청업자나 판매업자의 수와 그 기업의 성과 간에는 역전된 U형의 관계가 있으며, 동시에 거래하고 있는 하청업자나 판매업자의 사회적 관계의 양에서도 동일한 관계가 있음을 밝혀냈다.

이상의 맥락에서 벤처기업과 대기업 간의 협력네트워크는 기업의 성과를 가져올 것이라는 것을 유추할 수 있다. 벤처기업과 대기업 간의 협력네트워크는 보다 구체적으로 다음의 구조결합이론에서 자세히 논할 수 있다.

(7) 구조결함이론

구조결함이론에서는 연결망상의 지위와 구조적 제약 간의 관계를 구조자율성(structural autonomy)으로 개념화하고 있다(Burt, 1982). 구조자율성은 하나의 체계 내에서 특정 지위를 점하고 있는 행위자가 체계 내의 다른 행위자의 제약과 무관하게 자신의 이익을 추구하고 실현시킬 수 있는 능력을 의미한다. 따라서 행위자가 향유하는 구조자율성이 높을수록 그가 초과수익을 누릴 경제적 기회가 증가하게 된다. 즉 특정 기업이 자신의 산출물의 가격을 다른 기업의 견제 없이 높은 수준에서 설정할 수 있다면, 그 기업은 이러한 구조자율성의 범위 안에서 독점적 이익을 누릴 수 있다(Burt et al., 1980). 단순한 재무적 성과뿐만 아니라 구조자율성은 조직이 환경에 대한 적응을 수행하는 과정에서 취할 수 있는 전략대안들에도 영향을 줄 수 있다.

Burt 등의 연구(1980)는 구조적 제약을 많이 받고 있는 기업일수록 더 많이 그리고 안정적으로 타 기업과 호선관계를 맺게 되며, 동시에 이러한 기업들이 주로 구조자율성이 낮은 까닭에 경제적 성과가 높지 않을 수 있다.

구조자율성이 일어나는 조건, 즉 구조의 제약이 상대적으로 소멸하는 체계 내의 지위 혹은 장소를 구조결함(structural holes)이라고 하는데 조작적으로는 다음과 같이 정의된다. 행위자들을 매개하는 비중복적(non-redundant)인 관계. 시장에 A라는 기업이 N개의 다른 기업과 거래를 하고 동시에 B라는 기업이 M개의 다른 기업가 거래를 하고 있다고 하자. 이때, N개의 기업과 M개의 기업이 서로 다른 기업이라고 한다면, A기업과 B기업은 비중복적 관계에 놓여 있게 된다. 비중복적이라는 용어에는 설사 의도적인 시도가 있다고 하더라도 서로 간에 새로운 관계를 형성할 시간과 자원이 부족하다는 가정을 전재하고 있다. 그런데 N개의 기업과 M개의 기업에 속하지 않는 기업 C가 A기업과 B기업과 모두 관계를 맺고 있다면, 이때 기업 C를 A기업과 B기업 간의 구조결함에 위치해 있다고 말한다.

구조결함에 의한 구조자율성이 초과수익을 가능하게 하는 원인은 크게 정보의 이익[26]과 통제의 이익[27]으로 구분된다(Burt, 1992). 이러한 정보의 이익과 통제의 이익은 환경이 제공하는 불확실성을 감소시키는 결과를 가져온다. 따라서 체계 내의 행위자들은 비중복적 관계를 줄이면서 동시에 자기의 관계 안에 구조결함을 증대시키려는 노력을 경주하게 된다. 자신의 행동이 구조로부터 제약을 적게 받거나 자신의 구조상의 지위를 적극적으로 활동하는 자가 초과수익을 누릴 가능성이 높기 때문이다(배종훈, 1998).

본 연구에서 이러한 구조결함이론의 구조자율성을 벤처기업과 대기업의 협력유형에 적용하면, 통제의 이익차원에서 접근 가능하다.

---

26) 만약 정보가 구조결함을 경유하지 않고서는 의도한 대로 전달될 수 없을 경우, 구조결함을 점하고 있는 행위자는 경제적 이익을 얻는다. 즉 구조결함이 매개하고 있는 관계의 밀도가 높을수록 다양한 원천으로부터 적시에 정보를 얻을 수가 있다. 또한 다양한 정보원으로부터 새로운 사업기회를 소개받을 확률이 증가하다. 마지막으로 정보의 내용을 자기의 이해에 맞추어 조정할 수 있기 때문이다.

27) 통제의 이이이란 대립하는 두 행위자 간의 협상을 조려할 때 발생하는 이익이다. 구조결함상의 행위자가 매개하는 두 행위자들이 상호 간에 긴장관계에 놓여 있다면, 그들 간의 힘의 균형을 자기의 이익에 유리하도록 조정할 수 있게 된다.

즉 벤처기업이 성장을 거듭하면서 어느 정도 안정된 단계에서 대기업과 협력을 추진하는 경우 상대적으로 독립된 구조자율성이 높은 협력을 진행하게 될 것이다. 한편 창업 초기단계에는 자금적인 문제, 시장적인 상황 등 당장 생존을 위해서 대기업과의 협력 추진에 있어서 이러한 구조자율성이 상대적으로 낮을 수밖에 없을 것이다.

(8) 핵심역량이론

경쟁우위의 원천으로서 기업내부능력에 대한 기존 연구를 검토하면 기업 특유의무형의 자원(resource)과 능력(capability)에 기초한 기업자체의 독특성이 강조되고 있다. 또한 핵심역량(core competence)에 기초한 경쟁우위의 유지를 주장한다. 이러한 자원을 Barney(1991)는 물적(기술, 공장설비, 지리적 위치 등), 인적(교육, 경험, 판단력, 지식, 통찰력 등), 조직(공식 또는 비공식적 계획, 통제, 조정시스템, 기업 내 부서 간, 환경 간의 관계 등)자본자원의 세 범주로 분류하고 있다. 기업조직에 있어서 성공의 핵심은 기업이 보유한 자원 그 자체가 아니라 그러한 자원을 창출하는 능력이 중요시되고 있다(Stalk, Evans and Shulman, 1992). 기업이 보유하는 능력에 대한 내용은 <표 Ⅱ-4>와 같이 학습, 관리, 지식 등으로 정의되고 있으며, Teece, Piasano & Shuen(1990) 등은 동태적 능력(Dynamic capability)이라는 개념을 도입하여 "조직수준에서 탐색, 문제발견, 문제해결과정 속에 장기적으로 학습하고, 적응하고, 변화하고 새롭게 태어나는 조직의 능력"으로 정의하고 있다(김주일, 1999).

<표 Ⅱ-4> 핵심역량의 내용

저 자	핵심역량
Prahalad & Hamel(1990)	조직에서의 집합적 학습
Stalk, Evans, Shulman(1992) Chatterjee, S. and B. Wernerfelt(1991)	경영과정 혹은 관리방법
Winter(1987)	전략적 자산으로서 지식
Fiol(1991), Barney(1986)	조직문화
Teece, Piasano & Shuen(1990)	동태적 능력

자료원: 김주일(1999), 서울대학교 대학원 박사논문에서 수정 및 재인용.

　기업이 어떠한 자원을 가지고 있는가의 문제보다는 그러한 자원을 획득하고 축적할 수 있는 능력이 무엇이며 그리한 능력이 이띠한 과정을 통해 창출되는가 하는 것이다. 이러한 능력이 지속적인 경쟁우위의 원천이 되기 위해서는 <표 Ⅱ-5>와 같은 조건들을 갖추어야 한다고 지적되고 있다. 즉 자원의 비이동성, 가치성, 모방 불가능성이 핵심적인 능력의 유지조건이 된다고 볼 수 있다.

　조직능력에 대한 정의는 크게 두 가지 범주로 구성하여 파악할 수 있다. 첫째, 기업의 기초적인 기능으로서 레이아웃, 물류, 마케팅, 생산우월성, 고객친밀성, 제품리더십 등을 수행하는 능력이다. 둘째, 기업활동의 동태적인 개선활동으로 정의되는 능력으로 ① 제품이나 공정의 혁신, 생산유연성, 시장대응력, 개발 기간 단축(Amit & Schoemake, 1993)으로 정의되거나, ② 장기적으로 학습하고, 적응하고, 변화하고 새롭게 태어나는 조직의 동태적 능력이나 루틴으로(Teece, Piasano & Shuen, 1990), ③ 전략적 통찰력에 의해 조직이 전략을 성공적으로 수행할 수 있는 전략적 능력과 같은 세 가지 범주로 파악되고 있다(김주일, 1999).

<표 Ⅱ-5> 핵심역량의 유지조건

저 자	핵 심 역 량 의 유 지 조 건
Grant(1991)	지속성, 파악 불가능, 획득 불가능, 복제 불가능
Barney(1991)	가치성, 희소성, 모방 불가능, 대체 불가능
Rumelt(1984)	모방장벽

<표 Ⅱ-6> 핵심역량의 차원구분

연구자	차원구분
Schumpter(1934)	사전지식과 위험추구
Cohen & Levinthal(1990)	사전지식과 흡수능력
Nelson & Winter(1982)	조직능력
Nonaka(1994)	기반지식과 동태적 능력
Kusnoski, Nonaka & Nagata(1995)	지역역량과 건축역량/프로세스역량
Amit & Shoemaker(1993)	동태적 개선과 기초기능수행능력
Henderson & Cockburn(1994)	기반역량과 건축능력
Charcravathy(1982)	물질적 역량과 조직적 역량
Leonard-Barton(1992)	기술 및 지식기반/기술시스템/관리시스템/가치관(규범)

자료원: 김주일(1999), 서울대학교 대학원 박사논문에서 수정 및 재인용.

조직능력의 유지조건으로는 모방이 불가능한 기업특유성, 학습과정을 통해 장기적으로 축적되는 경로의존성, 지속적 경쟁우위의 원천이 될 수 있는 잠재력을 들 수 있다. 슘페터는 기술혁신이 기존지식에 새로운 것이 추가되어 나타난다고 하여 기초적 기능의 조직능력에 동태적 개선의 조직능력이 결합되어 혁신이 발생한다고 보았다. 흡수능력에 의해 조직능력의 학습을 설명한 바에 의하면 사전지식과 노력의 강도로 구성되는 흡수능력을 통하여 정보나 기술의 취득, 적용, 창출할 수 있음을 설명하고 있다.

조직능력의 유형은 다음과 같이 여러 연구에서 그 구성을 밝히

고 있다. 본 연구에서는 벤처기업의 성장과 협력유형에 영향을 미치는 요인으로 벤처기업의 특성으로 이러한 조직능력을 대상으로 하고자 한다.

(9) 핵심역량 및 경쟁우위와 벤처기업 성장

자원기반관점에 따르면 기업은 희소하고 모방하기 어렵도록 가치를 만들어야 경쟁우위를 유지할 수 있다. 벤처기업의 전략적 자산으로서 거래와 모방이 어렵고 희소하며 특화된 역량과 자원을 들 수 있다. 벤처기업이 기술기반으로 성장을 거듭하면서 구축하게 되는 기술역량을 비롯한 집단응집성 등은 암묵적이고 사회적으로 복잡하며 기업특유의 것이기 때문에 인과적 모호성이 있다. 인과적 모호성 때문에 모방이 불가능하고 경쟁우위의 원천이 될 수 있는 것이다. 이는 벤처기업에서 시간이 경과하면서 성장을 거듭하면서 축적된 자원으로 구성되어 시장에서 구매할 수 없다. Lado & Wilson(1994)은 자원기반관점을 원용하여 핵심역량의 성취를 조직의 자원에 기반을 두고 있는 기업은 동종의 다른 기업에 비해 독특하고, 가치가 있으며 경쟁기업이 모방할 수 없는 자원과 능력으로부터 경쟁우위를 만들어 내고 유지할 수 있다고 한다(Barney, 1991).

벤처기업의 경제적 가치 창출에는 반드시 경쟁상황이 존재한다. 벤처기업의 특성을 고려하면, 경쟁상황이 아닌 완전 독점시장에서 기업을 경영하는 상황을 설정해 볼 수도 있다. 그러나 벤처기업이 아무리 틈새시장을 노려 독점시장을 형성하고 있더라도 경제적 가치를 창출하고 있는 시장이라면 그 시장의 진입을 준비 중이거나 고려하고 있는 잠재적인 경쟁자가 반드시 전제된다고 보아야 한다. 왜냐하면 독점의 원인으로 제공되었던 조건이 더 이상 경쟁자들이 극복할 수 없는 조건으로 작용하지 않게 되었기 때문이다. 벤처기업의 출발점은 매력적인 산업 영역(attractive business domain)에서 경쟁우위(competitive advantage)를 지속적으로 유지하는 데서 이루어져야 한다. 따라서 벤처창업자는 산업의 구조적인 특성을 이해하여 어떤 산업에 진입하고 탈퇴할 것인지를 결정하여야 하고 그 산업에서 어떻게 경쟁우위를 창출하고 유지할 것인지 하는 문제를 이해하고 실천해야 한다.

자원기반관점에서의 경쟁우위는 세 가지 면을 추가로 고려하고 있다. 우선 경쟁우위는 그 기업이 산업 내에 처해 있는 경쟁우위에 국한된 것이 아니라 잠재적인 경쟁자의 진입이나 도전까지도 감안해야 한다는 것이다. 그리고 지속성이라는 것은 비단 시간적인 단위로만 측정하는 것이 아니라 경쟁우위를 복제할 수 있는 가능성이 있는지도 중요한 측정단위가 된다는 것이다. 마지막으로 이러한 경쟁우위는 영원히 지속되는 것이 아니라 끊임없이 도전받고 있다는 것은 인식하고 있어야 한다는 것이다.

경쟁우위의 개념이 경쟁시장에 대한 우위의 개념이 보다 강조되어 사용되어 왔던 것에 반해, 비교우위의 개념은 자원기반관점에 근거하여 자원의 부존도가 우위를 결정하는 개념으로 사용되고 있다. 비록 비교우위가 무역이나 국제 간 교류에서 주로 사용되며 비교우위의 구조를 파악하는 개념이기는 하지만 본 연구에서는 보다 자원기반관점의 입장을 강조하기 위하여 또한 세계화 시대에 국가 간 무역의 개념보다는 벤처-대기업 협력 이외에도 벤처기업 간의 경쟁 속에서 교류와 관계라는 측면에서 비교우위의 개념을 사용하고자 한다.

제3장 연구의 모델과 가설의 설정

제1절 벤처기업-대기업의 협력유형

벤처기업의 자본주가 엔젤-벤처캐피탈-코스닥으로 이전되듯이 사업주체도 벤처기업-대기업과 협력-대기업의 인수라는 경로로 발전한다. 가공과 조립공정은 제조중소기업이 분담하되 경제의 중심축은 기존의 역량과 디지털시대의 역량을 결합시켜 변신에 성공하는 대기업이 될 것이다. 벤처기업-대기업 협력모델의 유형은 크게 전략적 제휴, 분사형, 인수합병형, 포트폴리오투자형, 아웃소싱(외부조달)형으로 분류할 수 있다.

〈그림 Ⅲ-1〉 벤처기업-대기업의 일반적인 협력유형

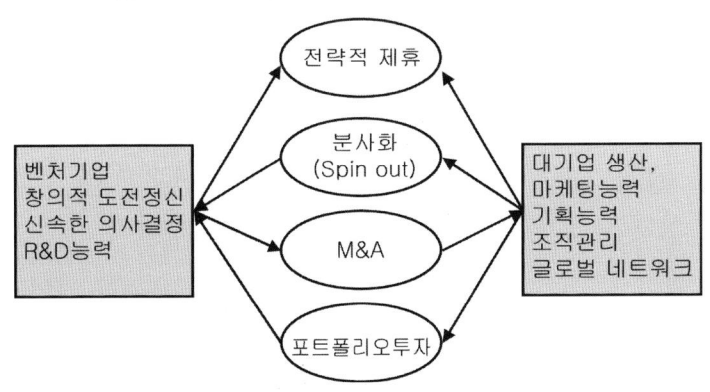

구체적으로 대기업의 분사도 대기업에서 떼어내 독립시키는 스핀오프(spin off)보다는 모회사의 주식도 교차보유하고 지분의 1% 이상씩 보유해 분사기업에 대한 헌신도를 제고시킬 수 있는 스핀아웃(spin out)형태가 이상적이다. 스핀아웃(spin out)이란 유망한 벤처 아이디어를 가진 사업부, 팀 혹은 개인이 독립법인을 세워 분사시키는 것을 말한다. 이는 모기업과 경영, 기술, 사업관계를 유지할 뿐만 아니라 모기업의 조직, 문화, 핵심역량, 관리시스템, 기술, 시장을 공유하면서 성장해 가는 일종의 사업확장전략이기 때문이다 (이광형·이민화, 2000). 인수합병은 대기업이 어느 정도 시장을 선점한 벤처기업을 인수합병하는 것으로서 앞으로 크게 증가할 협력의 유형이다. 포트폴리오투자는 벤처기업이 대기업의 자금력을 끌어들이는 반면에 대기업은 정당한 배당을 분배받는 유형이 될 것이다. 아웃소싱 또는 전략적 제휴는 포괄적이면서도 가장 널리 활용할 수 있는 방법이다. 이것은 벤처기업이 틈새기술의 연구개발, 새로운 비즈니스모델의 개발, 핵심부품의 연구개발, 생산을 담당하고 대기업은 자본집약형 대량생산과정과 유통과정, 마케팅관리, 브랜드관리, 대규모 연구개발의 역할을 수행하는 체제를 말한다. 앞의 내용을 일목요연하게 요약하면 <그림 Ⅲ-1>과 같다.

제2절 벤처기업-대기업의 협력에 관한 연구모델

동태적인 시장환경에 대한 기업의 본원적 경쟁우위가 기업의 협력을 통해서 획득되든지 자체적 자구책을 강구하는지의 여부는 결국 기업이 만든 제품이 고객의 욕구와 선호도에 얼마나 부합하는가의 문제로 귀결된다. 이러한 관점에서 기업이 창출하는 제품의 부가가치는 결국 경쟁력 생성의 원천이 되므로 실제로 제품의 부가가치창출이 어느 부문에서 어떠한 형태로 이루어지는가를 이해하여야 한다. 따라서 제품가치를 증대시켜 경쟁력을 높이려면 기업의 외부환경과 내부환경의 변화에 따른 새로운 경쟁압력과 경쟁기회를 인식하여야 하며, 인식된 압력 및 기회의 성격에 따라서 부가

가치창출활동의 변화가 이루어진다. 그리고 이러한 변화는 결국 기업의 경영성과로 나타나게 되는 것이다.

<그림 Ⅲ-2>는 본 연구과제의 연구모델로서 시장환경 변화→ 새로운 압력·기회의 인식→기업 간 협력을 통한 가치창출활동 변화모색→경영(협력)성과로 이어지는 일련의 과정에서 볼 때 협력 유형의 체결로 인한 기업부가가치 제고로의 의미를 나타낸다. 즉 체계적인 대기업의 경영방식과 도전적인 벤처기업의 장점에 기초한 상호협력방안의 모색 및 강화는 새로운 환경변화에 대응할 수 있는 대안으로써 벤처기업-대기업의 상생적 부가가치창출의 핵심이 될 수 있기 때문이다.

따라서 협력유형의 도입동기는 기업이 처한 외부경쟁환경과 내부경영환경의 변화에 대응하여 기업이 경쟁적 우위를 확보하기 위한 전략적 필요성에서 생겨난 것임을 간파할 수 있다.

<그림 Ⅲ-2>의 연구모델을 설명하면, 첫째, 시장환경의 동태적 및 복잡한 요인들이 협력유형 도입의 필요성과 당위성에 영향을 주고 있다. 둘째, 벤처기업-대기업의 내부환경요인인 생산자원의 풍요성(munificence), 인적 자원의 동태성, 그리고 물적 자원의 비효율성 역시 협력유형의 도입에 영향을 미칠 것으로 진단된다. 셋째, 벤처기업-대기업의 협력의 유형과 벤처기업의 성장단계별 유형에 따라 협력성과가 달라질 것이라는 점을 시사한다. 넷째, 벤처기업-대기업의 협력유형과 대기업의 특징에 따라 협력의 성과가 달라질 것으로 판단하고 있다. 즉, 협력유형(전략적 제휴, 아웃소싱, 스핀아웃, M&A)에 따라 대기업의 특징들인 신뢰, 최고경영자의 가치관, 명성, 의사교환, 기업윤리, 기업문화, 관계편익 등이 협력의 성과에 차이가 있을 것이다.

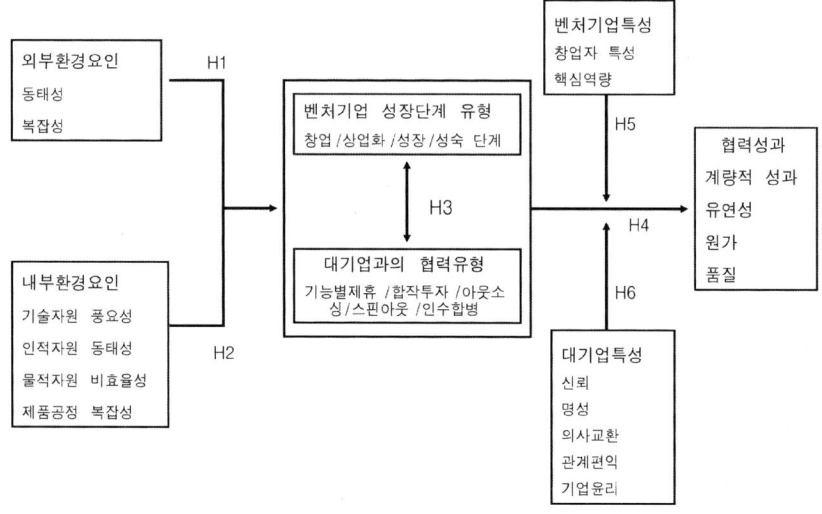

〈그림 Ⅲ-2〉 본 연구의 벤처기업-대기업 협력연구모델

제3절 연구가설의 설정

(1) 환경요인과 벤처기업 성장유형 및 대기업 협력에
   관한 가설

기업의 환경은 연구의 목적이나 대상에 따라 다양하게 정의될 수 있겠으나 크게 보면 조직과 직접적인 상호작용을 하는 외부환경을 의미하는 과업환경(task environment)[28]과 사회적 환경(societal environment)[29]으로 분류할 수가 있으며, 이들 환경구성요소의 변화

---

28) 조직의 경영활동에 직접적으로 상호작용하며, 영향을 미치는 집단으로 공급자, 소비자, 경쟁자, 정부, 법률 및 규제당국, 노동조합, 기타 조직 등이 포함된다.

29) 비록 기업조직의 경영활동에 직접적으로 관련되는 집단은 아니지만 기

는 강도의 차이는 있으나 기업변화의 압력요인으로 작용하게 된다 (Daft, 1992). 가령, 벤처기업 – 대기업의 협력이라는 합종연횡이 일어나는 주된 원인은 R&D비용 및 위험의 경감, 규모의 경제실현, 신공정 · 제품기술의 신속한 개발 및 확보, 시장진입 및 확대, 경쟁방식의 조정, 경영자산의 공유 차원에서 이루어진다.

특히 외부환경 가운데 기업의 변화를 자극하는 중요한 요인으로 시장의 경쟁압력, 기술변화속도와 기술혁신, 소비자 · 시장 기호변화, 제품특성변화, 정부의 정책 및 규제의 변화 등을 지적하고 있다(Hayes and Abernathy, 1980).

따라서 본 연구과제에서는 외부환경이 벤처기업의 성장단계와 벤처기업 – 대기업의 협력유형 도입에 미치는 영향을 파악하기 위하여 먼저 외부환경의 특성을 중심으로 가설을 설정하고자 한다.

본 연구에서는 외부환경을 정보의 원천으로 인식하고 각 요소에 대한 불확실성을 환경의 특성으로 설명하고자 한다. 그리고 환경의 구성요소가 얼마나 예측 불가능한가를 나타내는 불확실성을 파악하기 위해 환경의 동태성과 복잡성을 불확실성의 차원으로 사용한다.

첫째, 환경의 동태성(dynamism)은 외부환경 구성요소의 변화 정도와 그러한 변화에 대한 예측상의 어려움(unpredictability)을 말하며, 환경구성요소들의 변화 정도를 설명하는 개념인 안정성과 불안정성의 측면도 포함하고 있다. 구체적으로 고객의 선호나 경쟁자의 경쟁전술 속도, 전반적인 산업추세나 환경의 변화속도 등 기업이 처한 환경의 변화속도를 나타내는 환경속성의 차원을 의미한다 (Lumpkin & Dess, 1995). 일반적으로 환경이 안정상태에서 불안정한 상태로 변화할 경우에 기존의 고정된 기계적 순서나 절차를 지

업의 전략적 의사결정에 영향을 미치는 사회문화적, 경제적, 경제적, 기술적, 정치 · 법률적 요인 등을 말한다.

닌 조직은 변화에 대응하기가 매우 어렵게 된다. 따라서 조직환경의 불확실성이 커질수록 벤처기업들의 조직들은 존속하기 위하여 변화요인을 더 많이 느끼게 되며, 이로 인하여 벤처기업-대기업의 협력유형 도입과 같은 혁신적 행위가 일어나게 된다.

둘째, 환경의 복잡성(complexity)은 마케팅이나 생산에서 의미 있는 고객층의 다양성이나 경쟁자의 다양성과 같이 기업이 처한 환경이 복잡한 정도를 표현하는 환경속성의 차원으로서 정보의 흐름에 영향을 미치는 개인, 조직 등을 포함하는 중심조직이 다루는 요소들 간의 유사성이나 다양성을 말한다. 따라서 조직과 상호작용하는 환경집단의 성격이 다양성을 지닐수록 그 조직의 환경은 복잡성을 지니고 있음을 의미한다.

일반적으로 조직환경이 동질성(homogeneity)을 지닐수록 조직활동은 획일적인 단순한 형태로 나타나며, 반면에 조직환경이 이질적(heterogeneity)일 경우 환경의 복잡성이 증가할수록 조직은 환경에 대응하기 위한 혁신적인 행위를 촉진하게 된다(Dimaggio & Powell, 1983).

이러한 관점에서 볼 때, 시장환경요인인 동태성과 복잡성의 불확실성이 벤처기업의 성장에 영향을 미칠 것이고 또한 시장환경요인은 벤처기업-대기업의 협력유형에 영향을 주므로 본 연구에서는 시장환경요인과 벤처기업 성장단계유형과 협력유형의 관계를 설명하는 가설을 다음과 같이 설정하고자 한다.

가설 1: 시장환경요인은 벤처기업의 성장단계 및 벤처기업의 대기업에 대한 협력유형에 영향을 줄 것이다.

가설 1-1: 시장환경요인은 벤처기업의 성장에 영향을 줄 것이다. 즉 시장환경요인은 벤처기업의 성장단계에 따라서 차이가 있을 것이다.

가설 1 – 2: 시장환경요인은 벤처기업의 대기업에 대한 협력유형에
영향을 줄 것이다. 즉 시장환경요인은 벤처기업의 대기
업에 대한 협력유형에 따라서 차이가 있을 것이다.

(2) 내부환경과 벤처기업 성장단계, 대기업협력유형에 대한 가설

벤처기업의 성장단계와 벤처기업 – 대기업 협력의 유형도입은 기
업의 외부환경변화에 의하여 직접적으로 영향을 받으나 실제로 그
러한 차이를 유발하는 원인은 내부환경요인들이다. 왜냐하면 기업
의 수익성 창출은 곧 외부환경에 대한 내부환경요소들인 하드웨어
와 소프트웨어인 경영자원들을 얼마나 시스템적으로 잘 운영하느
냐에 달려 있기 때문이다. 다시 말해서 기업의 성과향상은 투입물
을 인적 자원, 물적 자원, 기술자본의 특성과 변환과정인 생산시스
템특성의 결합을 통하여 달성될 수 있는 것이다.

먼저 예측하지 못한 환경변화로 인한 기업경영의 성과차이를 극
복하려면 기술혁신이 필수적이며, 기술혁신을 지원하는 자금, 기술,
인적 자원 등 여유자원이 전제조건이 되어야 한다. 여유자원(slack
resources)은 실제로 기업이 활용할 수 있는 자원의 양으로 평가될
수 있으며, 이는 특정자원에 대한 풍요성(munificence)을 그 특성으
로 한다. 환경의 풍요성은 산업 내 제품시장부문들이 제공하는 자
원의 양이 그곳에서 경쟁하고 있는 기업들이 생존하고 성장하는
데 최소한으로 필요로 하는 자원의 양보다도 많은 정도를 뜻한다.
이 차원의 양단은 풍부함과 적대성을 의미한다(Lumpkin & Dess,
1995). 따라서 벤처기업 – 대기업 협력의 유형도입을 기업의 경영혁

신으로 인식할 때 벤처기업-대기업 협력의 유형도입과정에서 여유자원의 풍요성이 미치는 영향을 검토할 필요성이 대두된다.

둘째, 생산요소의 풍요성 이외에 기업내부환경요인과 관련하여 벤처기업-대기업 협력의 유형도입을 자극하는 요인으로는 코스닥시장의 붕괴, 벤처기업의 자금악화설, 벤처기업의 수익성 창출의 한계, 대기업의 유능한 인적 자원의 이탈 등의 요인들이 우리나라의 벤처기업-대기업 협력의 유형을 자극하는 영향요인으로 실제로 그 중요성을 배제할 수 없는 실정이다. 이와 더불어 기업내부에서 발생하는 물적 자원의 비효율성 또한 협력을 자극하는 원인이 되고 있다.

셋째, 제품공정(제품 및 공정의 복잡성)은 생산되는 제품의 수와 제품수명주기의 단계 그리고 사용설비의 특성, 공정수명주기의 단계 역시 벤처기업들의 성장단계마다 시장진입의 극복을 위한 방안으로 대기업과의 협력유형에 관심을 가질 것이다. 따라서 본 연구에서는 이러한 현실적인 문제를 고려하여 다음과 같은 가설을 설정하였다.

가설 2: 기업내부환경은 벤처기업의 성장단계 및 벤처기업의 대기업에 대한 협력유형에 영향을 줄 것이다.

가설 2-1: 내부환경요인은 벤처기업의 성장에 영향을 줄 것이다. 즉 내부환경요인은 벤처기업의 성장단계에 따라서 차이가 있을 것이다.

가설 2-2: 내부환경요인은 벤처기업의 대기업에 대한 협력유형에 영향을 줄 것이다. 즉 내부환경요인은 벤처기업의 대기업에 대한 협력유형에 따라서 차이가 있을 것이다.

(3) 벤처기업 성장단계와 대기업의 협력에 관한 가설

벤처기업의 성장단계유형에 대한 연구가 어느 정도 실행되고 있지만(Webster, 1977; Ruhnka & Young, 1987; Kazajian, 1988; Kazanjian & Drazin, 1989; Lumpkin & Dess, 1995; OECD, 1996; 조관행, 1995; 중소기업진흥공단, 1998) 본 연구에 적용하는 데 가장 적절하게 기술하는 5단계 성장모델로서는 존재, 생존, 성공, 도약, 성숙 등 5단계(Churchill and Lewis, 1983)로 간주된다.

따라서 이에 대한 단계별 주요특징을 기술하면 먼저, 존재단계(existence stage)는 자본의 충분성, 사업확장 가능성, 고객, 제품, 서비스에 대한 시장성에 대한 불확실성이 중요한 문제가 되는 단계이다. 둘째, 생존단계(survival stage)는 사업유지를 위한 현금흐름의 창출 여부가 향후 성장을 위한 생존전략이므로 수익과 비용이 일치하기까지 자본의 고갈에 대비한 자본의 창출능력이 가장 중요한 경영문제로 대두되는 단계이다. 셋째, 성공의 단계(success stage)는 생존단계로부터 지속적인 성장을 유지하는 것이 주요 관심사항이므로 현금흐름이 사업의 성장에 의해 일부 해소되는 반면 창업자의 실행능력의 중요성은 점차 중요도가 떨어지게 되는 단계이다. 넷째, 도약단계(take off)는 지속적인 성장에 의한 자본의 고갈과 효과적인 경영자의 관리능력이 대두되는 시점이다. 이 단계에서는 전략적 계획, 관리, 통제의 중요성이 부각되기 시작하고 그 절정을 이루게 된다. 다섯째, 성숙단계(resource maturity)는 재정수익의 통제 및 강화가 주요 현안으로 등장하고 상대적으로 전략적 계획이 중요시되는 단계이다. 이 단계의 특징으로는 규모의 이점을 살려 환경변화에 민감하게 대처하고 기업가 정신을 지속적으로 유지시켜 나가는 것이 무엇보다도 중요하다. 여기에서 본 연구의 목적에 부합되게 한 단계 확대시킨 위기단계를 포함시켰다. 위기단계는 성장 및 재정수익이 정체되고 관리비용이 증가하는 상태로 기업내부 비용의 관리와 경영혁신이 중요한 문제로 대두되는 단계 또는 유사한 징조가 발생하는 단계로 간주하였다. 그러므로 벤처기업이 성장하는 단계별마다 그 나름의 경영자원의 필요성과 아울러 대기업과의 협력의 유형도 달라질 것으로 미루어 평가할 수 있다.

협력의 유형으로는 전략적 제휴, 아웃소싱, 스핀아웃, M&A로서 벤처기업-대기업이 그 기업의 고유한 특성이나 또는 환경적 영향 요인에 따라 협력의 유형이 달라질 것이며, 따라서 협력의 성과도 협력의 유형에 따라 차이가 있을 것으로 판단된다. 협력의 유형에 관해서는 이미 2장에서 언급한 것처럼 전략적 제휴(strategic alliance) 란 모든 기업에서 시간에 의한 경쟁우위(time based competition)(Stalk, 1988)라는 환경적 맥락하에서 경쟁관계에 있는 기업이 일부사업 또는 기능별 활동부문에서 경쟁기업과 일시적인 협조관계를 체결하는 것으로, 자신에게 부족한 핵심역량을 파트너로부터 획득하거나 자신의 역량과 파트너의 핵심역량을 결합하여 빠른 시일 내에 시장에 진입할 수 있게 하고, 경쟁기업에 비하여 경쟁우위를 보유하게 하는 것이다. 아웃소싱 역시 전략적 제휴의 일종으로 한 조직이 핵심역량으로 집중화하고 나머지 지원 부서를 외부의 신뢰가 가는 기업들을 통해 인력, 생산, 기술, 연구개발, 그리고 제품스왑(판매제휴) 등에 대해 협력을 지원받는 경우이다. 스핀아웃(spin out)은 유망한 벤처 아이디어를 가진 사업부, 팀 혹은 개인이 독립법인을 세워 분사시키는 것을 말한다. 이는 모기업과 경영, 기술, 사업관계를 유지할 뿐만 아니라 모기업의 조직, 문화, 핵심역량, 관리시스템, 기술, 시장을 공유하면서 성장해 가는 일종의 사업확장전략이다(이

광형·이민화, 2000). 그래서 모회사의 주식도 교차보유하고 지분의
1% 이상씩 보유해 분사기업에 대한 헌신도를 제고시킬 수 있는 형
태이다. 마지막으로 M&A는 기업의 외적 성장을 위한 경영전략상
가장 적극적이고 대표적인 수단으로 두 개 이상의 기업이 법률적·
경제적으로 완전한 단일체가 되는 경우는 물론 법률적 독립성을
유지하면서 금융적으로 결합된 형태의 기업매수나 금융적 관련을
맺는 합작관계까지 포함되는 경우이다(장세진, 1999).

또한 벤처기업의 성장모델에 의하면, 초기 존재 및 생존단계에는
자본창출에 초점을 두게 된다. 이러한 단계를 극복하게 되면 시설
및 규모의 증가에 따른 관리비용의 문제와 경영의 비효율성이 발
생하는 위기단계를 겪게 된다. 어느 정도의 경영관리상의 위기단계
를 극복하고 유지비용을 방어할 수 있는 단계를 극복하고부터는
지속적인 경쟁우위와 성장에 주력하는 성공 및 도약, 그리고 안정
적인 사업을 수행하게 되는 성숙단계를 성장하게 된다. 이러한 성
장은 벤처기업의 자본주가 엔젤－벤처캐피탈－코스닥으로 이전되
듯이 사업주체도 벤처기업－대기업과 협력 또는 극단적으로 대기
업의 인수라는 경로로 발전한다. 가공과 조립공정은 제조중소기업
이 분담하되 경제의 주축은 기존의 역량과 디지털시대의 역량을
결합시켜 변신에 성공하는 대기업이 될 것이다.

한편 벤처기업－대기업 간의 협력을 거래비용관점에서 보면, 벤처
기업이 지니고 있는 기술기반의 자산특유성(asset specificity)이 개인
투자에 의한 엔젤의 소규모 투자보다는 대기업의 높은 투자를 가능
하게 하기 때문에 거래비용을 더욱 절감시키는 결과를 가져온다
(Williamson, 1985; Powell, 1990). 벤처기업을 둘러싸고 있는 미개척된
치열한 경쟁시장 상황하에서 이러한 협력적 관계의 형성은 기업 간
경쟁의 성공에 중요한 요인 중의 하나이다(Granovetter, 1985). 개방체

계접근(open system approach)에서 지적한 바와 같이 개별조직은 그가 직면한 환경으로부터 충분한 지원을 받지 못하고서는 생존할 수 없다(Pfeffer & Salancik, 1978; Pfeffer, 1987). 결과적으로 벤처기업은 성과를 높이기 위해서 벤처기업 특유의 기술 및 아이템 기반 내부자원에 더하여 대기업의 재무·시장자원과 상호작용함으로써 그 성장기반을 구축할 수 있다. 그리고 네트워크이론에 의하면, 거래(여기에서는 협력)는 개별 기업이 환경과의 상호작용에서 축적한 사회적 관계의 양과 성격에 영향을 받는다. 이는 경제적으로는 비효율적인 기업이라도 미래 잠재력과 기술, 기존의 관계 등의 제도적 환경과 사회적 관계에 의해서 지속적으로 관계를 유지하면서 생존을 거듭하게 된다(Meyer and Zucker, 1989). 파트너십(partnership) 이론에서도 역시 기업의 성장과 성공은 거래기업 간의 신뢰, 결속 등을 기반으로 하는 협력이 벤처기업의 성공에 핵심적인 요소임을 밝혀주고 있다(권기대, 1998a, 1998b). 한편 앞서 논의한 역할이론(role theory)을 원용하고 있는 구조결합이론에서 구조자율성(structural autonomy)의 개념은 벤처기업과 대기업의 협력유형에 있어서 협력상의 지위와 구조적 제약 간의 관계는 성장단계에 따라서 상이한 협력유형을 취하게 된다는 것을 보여준다(Burt, 1982; 1992). 벤처기업－대기업 협력관계는 이들 간에 맺게 되는 협력유형의 구조자율성 범위 안에서 독점적 이익을 누릴 수 있게 된다(Burt, 1982). 요컨대 성장단계가 높아질수록 벤처기업 자체의 자생력이 높아져 대기업으로부터 상대적으로 협상력이 강한 기능적 제휴나 합작투자 형태를 취하게 될 것이다. 반면 상대적으로 창업단계에 해당하는 존재 및 생존단계에서는 대기업의 아웃소싱이나 스핀아웃 형태로 협력관계를 맺게 될 가능성이 높을 것이다.

이상의 논의를 토대로 할 때 벤처기업의 성장에 있어서 상대적으로 자본, 인력, 시장 등 자원의 풍부성을 지닌 대기업과의 협력은 성과에 지대한 영향을 미칠 것이라고 볼 수 있다. 특히 벤처기업의 성장단계별로 대기업과 취하는 협력형태는 다를 것이다.

요약하면, 협력의 유형도 수직적·통제적 협력유형인가 아니면 수평적·자율적 협력유형인가로 대별할 수 있으며, 벤처기업의 성장단계도 그러한 협력의 유형을 취사선택하여 기업성장의 견인차 역할로 활용할 것이다. 따라서 앞의 내용에 의해 다음과 같이 가설을 설정하였다.

가설 3: 벤처기업의 성장단계에 따라서 대기업과의 협력에 차이가 있을 것이다.

즉 벤처기업의 성장단계에 따라서 대기업과의 협력유형의 차이가 있을 것이다. 벤처기업이 성장을 거듭할수록 대기업과의 협력에 있어서 수직적·통제적 협력유형에서 수평적·자율적 협력유형을 취할 것이다.

(4) 벤처기업 성장단계 - 대기업 협력유형 간의 적합성에 따른 협력성과에 대한 가설

본 연구에서는 벤처기업의 성장을 거듭하는 상황(성장단계)하에서 벤처기업은 목표를 효과적으로 달성하기 위해 적합한 방향으로 대기업과 협력전략을 효과적으로 활용할 것이라는 전제하에, 벤처기업의 성장단계와 대기업 협력유형 간의 적합관계가 성과에 미치는 영향을 실증적으로 연구하려는 목적을 가지고 있다.

조직이 처한 상황과 전략 사이의 적합성이 조직유효성을 결정한다는 구조상황이론에 기초하여 볼 때 벤처기업의 성장단계 및 대기업 간의 협력유형에 관한 연구에서 벤처기업의 성장단계와 대기업과의 협력유형 간의 적합성(fit)의 고려하는 경우 협력성과에 대한 설명력이 높아질 것이다. 그러나 상황이론에서 적합의 개념은 상황이론의 개발에 핵심 개념이면서도 명확하게 정의되지 않은 문제이다.

본 연구에서는 Drazin과 Van de Ven(1985)의 상황이론에서의 적합의 개념(The Concept of fit in Contingency Theory)에 대한 논의를 기초로 하여 선택(selection)의 관점, 상호작용(interaction) 관점, 그리고 시스템(system) 관점에서 벤처기업의 성장단계와 대기업 협력유형의 적합성 그리고 이러한 적합성이 협력성과에 미치는 영향에 대하여 고찰하고자 한다.

선택적 관점에서는 기본 시각이 환경에서의 자원배분이 조직구조를 결정한다는 자연선택의 결과로서 적합의 개념을 이해하고 있다. 즉 "가장 성과가 좋은 조직만이 살아남는 진화론적 상황적응 과정의 결과"로서 적합을 정의하고 있다. 이러한 선택의 관점에서 적합은 거시적 조직차원에서의 자연적 또는 관리적 선택과 순응하는 것과 함께 단위조직들 간의 성과의 변동성에 있어서는 특정한 맥락과 설계요인들 간의 상호작용을 의미하는 것으로 볼 수 있다. 또한 선택 관점은 거시와 미시의 연계, 일반과 특수적 요인들을 동시에 고려하면서 성과의 변동성을 살펴보아야 한다(김용학, 1995; 이재열, 1996)는 것을 시사하고 있다. 이러한 선택적인 관점은 Pennings(1980)의 연구에서 가정하고 있는 일치성과 조건성의 가정[30] 중에서 일치성

---

30) 일치성(congruence)의 가정에서는 조직의 설계가 환경의 변화에 따라 다양화된다는 것이고, 조건성(contingency) 가정에서는 효율성은 환경변수와 설계변수 간의 일치의 양에 달려 있다는 것이다. 도태적 관점은 일치성의 가정에 해당되고, 상호작용 관점과 시스템 관점은 일치성의 가정에 해당된다(이동명, 1995에서 재인용).

의 가정에 해당된다. 상호작용 관점에서는 이변량 상호작용(bivariate interaction)에 기초하여 "성과에 대한 조직의 맥락–구조요인들의 쌍들(pairs)의 상호작용"이 적합이라고 본다. 즉 조직의 구조 및 과정과 맥락의 상호작용에 의해 조직의 성과의 차이가 발생한다는 것이다. 마지막으로 시스템 관점에서는 환원주의의 오류에 빠질 수 있는 선택적, 상호작용적 접근법의 한계를 극복하고자 대두한 것으로 시스템이론의 개념적 체계를 따라서 실증분석을 실시함으로써 접근법의 심화를 꾀하고자 하였다. 여기에서는 "만약 다양한 상황, 구조 그리고 성과의 특성이 내적 일관성이 있다"면 적합하다고 정의하고 있다. 시스템 관점은 이인동과성(equifinality)[31]과 패턴분석(pattern analysis)[32]의 접근법으로 나누어 설명하고 있다.

한편 이러한 적합성 개념을 Venkatraman과 Camillus(1984)는 전략과 부합되는 요인들의 내용(contents)에 초점을 두느냐 혹은 적합성에 도달하는 과정에 초점을 두느냐에 따라서 한 차원을 정리하였다. 또한 적합성의 영역을 조직외부 요인만 고려하는가 혹은 내부 특성만을 고려하는가 또는 둘 모두를 고려하느냐에 따라서 또 다른 차원을 정리하였다. 이러한 적합성에 대한 실증분석을 위한 통계적 검증방법을 Venkatraman(1989)은 관계의 구체화 정도, 적합성 분석

---

31) 이인동과성(Equifinality)이란 효과적인 다양한 대안이 존재, 즉 효과적인 다양한 조직설계 대안의 존재는 선택의 기회를 제공한다. 선택은 의사결정장의 역사, 사상, 성과변수의 반영에 의해 이루어진다. 이인동과성에서 적합(fit)이란 "동등하게 효과적이고, 내적으로 조직의 맥락과 구조의 일관적인 패턴의 가능한 집합"으로 정의되고 있다. 즉 조직성과=f(실행가능한 맥락: 설계집합, 내적 일관성)이라는 관계식으로 설명된다.

32) 패턴분석에서는 적합 또는 부적합은 일탈된 거리측정이 성과와 긍정적으로 아니면 부정적으로 상관관계를 맺을 때 증명될 수 있다. 개별차원의 상대적인 중요성의 평가뿐만 아니라 다차원에서 일탈의 평가 모두가 적용 가능하다.

에서의 기준변수 유무, 변수의 수에 따라서 <그림 Ⅲ-3>과 같이 정리를 하였다. 또한 Venkatraman과 Prescott(1989)은 변수들 간의 적합성이 성과에 대한 영향을 검정하기 위해서는 변수들 간 동시적이고 전체적인 상호 연결형태를 반영해야 한다고 제시하고 있다.

〈그림 Ⅲ-3〉 적합성에 대한 제 관점의 분류

	낮음		많음
	프로필 편차로서 적합	통일적 형태로서 적합	
관계의 구체화 정도	매개로서 적합	공변량으로서 적합	변수의
	조절로서 적합	부합으로서 적합	
	높음		적음
	있음	없음	
	기준변수의 유무		

자료원: Venkatraman, N.(1989), "The Concept of Fit in strategy Research: Toward Verval and Statistical Correspondence" *Academy of Management Review,* Vol.14(3), p.425.

적합성과 관련하여 환경에 대한 변수는 조직구조 및 전략, 그리고 성과에 대한 관계를 주장하고 있지만, 환경에 대한 인지적 척도가 환경과 조직 자체의 특성과 혼합되며(Child, 1974) 전략이나 조직 그 자체가 이미 환경을 고려하고 있다는 것이 논의되고 있다(Lenz, 1981). 또한 Burns와 Stalker(1961)는 환경과 조직구조와의 관계를 분석하면서, 가장 효과적인 조직구조란 조직이 직면한 환경의 특성에 적합한 구조라고 주장하고 있다. 이들은 안정적이고 확실성이 높은 환경하에서는 기계적 조직구조가 적절한 방법이며, 동태적이며 불확실성이 높은 환경하에서는 유기적 구조가 효과적인 설계방법이라는 논의를 하고 있다. 즉 기술, 소비자 경쟁자 등에 있어서 변화와 예측 불가능성이 높은 상황하에 있는 불확실성을 다루기 위한 조직은 분화와 전문화가 요구되며(Lawrence and Lorsch, 1967), 분화와 전문화가 필요하며(Galbraith, 1977), 권한의 위양이 필요하다(Thompson, 1967). 그리고 불확실성을 효과적으로 다루기 위해서 조직구조의 실행은 비공식적이고 비구조화된 의사소통을 처리할 수 있고 빠르고 적절한 환경에 대응할 수 있는 의사결정이 가능한 유연한 조직구조를 요구하게 된다(Fredrickson, 1984). 이를 네트워크이론의 네트워크 형성과 구조결함이론의 구조자율성의 개념을 벤처기업 성장단계와 협력유형에 적용하면, 벤처기업이 성장을 거듭하면서 그 상황에 적합한 대기업과의 협력 형태를 취함으로써 협력성과를 제고시킬 수 있게 된다(Burt, 1982). 일례로 수익성, 점유율 등의 기업전반의 재무적인 계량적 성과를 제고시키기 위한 효과적인 방법으로 벤처성장 초기단계에는 대기업의 자금력과 시장력을 확보하기 위해서 구조적 자율성을 제고하기보다는 어느 정도의 대기업의 통제를 수용하는 아웃소싱이나 스핀아웃 등의 협력유형을 취하면서 성과향상을 기할 것이다. 한편 자금력과 시장력이 확보된 성장 및 성숙단계에서는 자체의 매출향상과 시장확보, 그리고 유연성 제고를 위해서 대기업의 구조적 통제를 탈피하면서, 수평적 파트너 또는 독자적인 기업경영 형태를 추구하고, 새로운 기술개발과 기술력 향상을 위해 기능별 제휴나 합작투자 형태 등과 같은 구조자율성이 높은 협력유형을 취하는 것이 보다 더 적합할 것이다.

본 연구에서는 이러한 적합성의 개념을 벤처기업의 성장단계의 고-저, 대기업 협력유형의 구조자율성의 고-저의 2*2 두 차원을 통해 협력성과변수별 적합성을 분석해 보고자 한다. 이를 위한 분석 틀은 <그림 Ⅲ-4>와 같이 도식화할 수 있다.

<그림 Ⅲ-4> 적합성과 협력성과 매트릭스

<성장단계＊구조자율성의 적합성에 따른 협력성과>

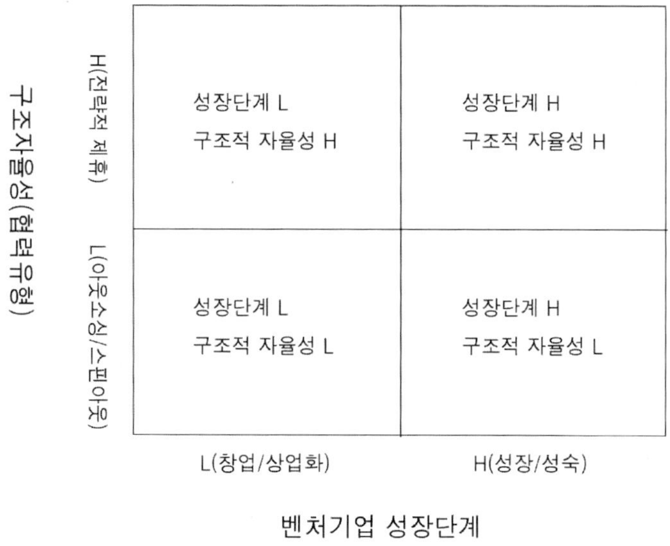

		L(창업/상업화)	H(성장/성숙)
구조자율성(협력유형)	H(전략적 제휴)	성장단계 L 구조적 자율성 H	성장단계 H 구조적 자율성 H
	L(아웃소싱/스핀아웃)	성장단계 L 구조적 자율성 L	성장단계 H 구조적 자율성 L

벤처기업 성장단계

전통적으로 산업조직론에서는 기업의 경영성과 측정은 보통 효과성의 측면에서는 성장률을, 효율적인 측면에서는 이익률을 활용하고 있다. 즉 성장률은 매출액 성장률로, 이익률은 매출액 이익률과 총자산 이익률을 구하여 기업의 경영성과로 평가하는 것이 일반적이다.

그러나 성과변수는 단일지표로는 측정이 어렵다는 것이 일반적인 학자들의 주장이다. 따라서 단일지표에 의한 측정의 오류를 피하기 위해 종합적으로 성과를 측정할 필요성과 사업전략의 연구에 있어서 중요하게 채택되어야 할 성과변수로는 수익성과 재무적인 지표가 필요하다고 주장하였다(White and Hamermesh, 1981). 기업성과를 다차원구조로 파악하고 재무성과, 사업성과, 조직의 효과성을 기준으로 성과를 평가하여야(Venkatraman & Ramanujam, 1986) 하며, 성과측정에 수익성, 매출액, 시장점유율, 조직의 유효성 등에 대해 종합적으로 고려할 필요성이 있다(Bonma & Clark, 1988)고 하였다.

그리고 Zahra(1996)는 벤처의 성장단계마다 주요한 측정지표가 다르게 측정되어야 하기 때문에 일반적인 경영성과 측정을 도입하기가 적절하지 않다고 하였다. 즉 제품개념 · 신제품개발단계에서는 개발과정에 따른 소유주의 만족도가 중요한 측정변수이며, 상업화단계에서는 브랜드인지도, 주문창출이, 성장단계는 시장성장률, 현금흐름, 수익성이 중요한 측정평가에 해당되며, 안정화단계는 수익성, 시장점유율, 생산성, 내부적 효율 등으로 단계별 특징에 따라 측정되어야 한다는 것이다.

벤처기업－대기업의 협력관계에서 그 성과를 연구한 문헌은 없으나 국외에는 벤처기업의 기업가와 그 성과에 관한 연구((Begley & Boyd, 1987; Sandberg & Hofer, 1987)와 국내에는 한상열(1997)에 의해 벤처기업의 기업가와 그 성과에 관한 연구가 있을 뿐이다.

본 연구에서는 창업가의 능력과 벤처성과 간에 관한 연구(Chandler & Jansen, 1992)에서 창업가의 능력을 기업가적 능력, 관리적 능력, 기술적 및 기능적 능력을 활용하고자 한다. 특히 기업가적 능력은 기업수준에서의 전략적인 자세(strategic posture)로서 최고경영자의 제품과 서비스에 대한 적극성, 경쟁자에 대한 적극성, 그리고 위험감수 정도를 나타내는 것으로 기업의 전반적 전략적 방향성을 나타내는 것으로 평가할 수 있다.

본 연구에서는 피응답자의 응답률을 제고시키는 차원에서 기업가의 주관적인 평가로 성과를 측정하되(Zahra, 1996), 성과측정에 수익성, 매출액, 시장점유율 등(Bonma & Clark, 1988)을 '계량적 성과'로 고려하고자 한다. 뿐만 아니라 벤처기업과 대기업의 협력을 통한 성과측정을 위해 원가, 유연성, 품질 등 종합적으로 측정하고자 한다. 왜냐하면, 벤처기업의 초기단계에서 원가의 중요성이 강조됨에 반하여 성장단계가 진행될수록 유연성과 품질이 중요하게 평가되기 때문이다. 이와 같은 맥락과 같이하여 모래성 이론에서도 비재무적 성과로 유연성과 품질을 강조하고 있다. 따라서 벤처기업 성장단계와 대기업과의 협력유형과 협력의 성과(계량적 성과와 유연성, 원가, 품질)에 영향을 미칠 것이므로 다음과 같은 가설을 도출할 수 있을 것이다.

본 연구는 Drazin과 Van de Van(1985)의 상호작용 접근법(interaction approach)과 Venkatraman(1989)의 조절적합(moderating fit)의 논의를 중심으로, 2개의 변수에 대한, 즉 벤처기업의 성장단계와 협력유형 간의 상호작용은 협력성과에 영향을 미칠 것으로 판단한다. 따라서 이상의 벤처기업 성장단계와 협력유형, 그리고 협력성과 간의 적합성의 논의를 중심으로 다음과 같은 가설을 도출할 수가 있다.

가설 4: 벤처기업 성장단계와 벤처기업의 대기업에 대한 협력유형 간 상호작용효과는 협력성과에 함의를 가질 것이다. 즉 계량적 성과, 유연성, 품질, 원가 등의 협력성과는 벤처기업 성장단계와 벤처기업의 대기업에 대한 협력유형의 상호작용효과에 따라서 달라질 것이다.

(5) 벤처기업 특성 및 대기업 특성을 포함한 전체의 적합관계와 성과에 관한 가설

앞서 가설 4에서 논의한 벤처기업의 성장단계, 협력유형, 협력성과 간의 적합성 논의를 시스템 관점(Drazin and Van de Van, 1985)과 통일적 형태의(Gestalt) 적합의 개념으로 확장하면 이변량 상호작용효과와 함께 다변수를 고려할 수 있다. 본 연구에서는 벤처기업이 지니고 있는 고유특성, 즉 앞서 논의한 창업자의 기업가 정신, 기술적 능력, 관리적 능력 등의 창업자 특성(Hisrich & Peters, 1992)과 제품기술역량, 기술우위, 조직역량 등의 핵심역량 변수를 성장단계와 협력유형 쌍, 협력성과 간의 적합성 사이에 영향변수로 고려하고자 한다. 또한 벤처기업의 파트너로서 대기업과의 협력관계에서 고려되는 대기업의 신뢰, 명성, 관계편익, 의사교환, 그리고 기업문화 및 윤리 등 대기업의 특성을 고려해야 하다.

즉 벤처성장과 협력유형으로 인한 협력성과의 변화는 벤처기업 창업자의 기업가 정신, 기술적·관리적 능력 등 창업자 자체의 능력에 좌우될 수 있다. 창업자 이외에 벤처기업 조직이 지니고 있는 제품기술역량, 조직역량과 같은 핵심역량은 이러한 적합성을 통한 협력성과에 중요한 영향을 미칠 수 있다. 또한 그동안 거의 주지되지 못했던 대기업의 특성, 즉 대기업의 신뢰, 명성, 관계편익, 의사교환, 기업윤리 등이 협력당사자의 협력유형에 영향을 미칠 뿐만 아니라 협력성과에도 영향을 미치게 될 것이다. 이러한 주장은 Venkatraman(1989)이 제시하고 있는 조절로서의 적합(fit as moderation)의 개념에 따르면, 예측변수가 기준변수에 미치는 영향이 제3의 변수(조절변수 moderating variable)에 따라 달라진다는 관점과 맥락을 같이한다. 즉 예측변수(성장단계*협력유형)와 조절변수(벤처

기업 특성) 간의 적합성이 기준변수(협력성과)의 결정요인이 된다
는 것이다.33) 이러한 창업자 특성과 핵심역량과 같은 벤처기업의
특성이 성장과 협력의 적합이 협력성과에 미치는 영향관계를 '조직
구조는 전략에 따른다'는 Chandler(1962)의 관점에 따라 본 연구의
방향을 설정할 수 있다. 즉 협력성과는 벤처기업의 성장단계(구조)
에 영향을 받으며, 대기업과의 협력유형(전략)에 영향을 또한 받으
며, 이들 간의 상호작용효과는 벤처기업의 특성을 조절하여 영향을
받을 것이라는 논의가 가능하다. 이러한 대기업 특성을 구체적으로
논의하면 다음과 같다.

먼저 신뢰는 자신이 믿고 있는 교환 상대방에 의존하려는 의지
(willingness)를 뜻한다(Moorman, Deshpandé, & Zaltman, 1993, p.82).
이러한 신뢰에 대한 정의의 중요한 의미는 상대 파트너의 전문가
적 식견(expertise), 신뢰성(reliability), 의도(intentionality)로부터 발생
한 교환 파트너에 대한 믿음(belief), 감정(sentiment) 또는 기대(expec-
tation)로서의 개념이다(Ganesan, 1994). 반면, 파트너 간의 신뢰의 결
여는 부분적으로 동기부여, 목표, 그리고 사업에 대한 접근에서 지
각된 차이가 발생한다. 이러한 것은 문화, 전략, 그리고 파트너 조
직의 시스템의 차이에서 발생한다고 주장한다(Smith and Barclay,
1997, p.4).

전략적 제휴에서는 전략의 성공을 위해 가장 큰 장애물(stumbling

---

33) 적합성에 대한 이 같은 접근방법은 적합성의 효과로부터 적합성의 존
재를 분리해내기가 곤란하다. 즉 기준변수에 의해 조절변수와 상황변
수 간의 적합성을 판단할 수 있으므로 기준변수와의 관계규명이 필요
없는 연구의 경우와 같이 적합성의 관점을 적용할 수 없다. 변수들 간
복잡한 상호작용이 있는 경우 이러한 상호작용에 대한 이론적인 의미
를 부여하기가 힘들다는 문제점이 있다. 이와 같은 관점에서 실증검정
은 분산분석, 조절회귀분석, 하위집단 분석을 실시한다.

block)은 신뢰의 부족이라고 주장하였으며(Sherman, 1992, p.78), 신뢰는 협력의 주춧돌(Spekman, 1988, p.79)이라고까지 하였다. 벤처기업 – 대기업 혹은 구매자 – 판매자 간의 협상상황에서 협력적인 문제해결과 건설적인 대화를 달성하는 과정에서 중요한 것은 신뢰라는 것을 발견하였다(Schurr and Ozanne, 1985).

셋째, 기업의 명성[34]은 미래의 임차(rents)를 발생시킬 수 있는 자산이라는 공식화된 아이디어를 개발하였다(Wilson, 1985). 명성을 구축하는 행동은 불완전한 정보환경에서 전략적으로 매우 중요하다(Weigelt and Camerer, 1988, p.443). 긍정적인 명성(positive reputation)이란 어떤 조직이 높이 평가받으며, 가치가 있거나 우수함이 있는 것을 뜻하는 것(Dollinger, Golden, and Saxton, 1997, p.127)으로서, 평균 이상의 이익을 획득하는 데 이용될 수 있다(Barney, 1986). 또한 명성은 파트너들의 기술적 또는 전문적 행위(professional conduct), 윤리(ethics), 그리고 표준(standards)에 대한 좋은 명성 혹은 나쁜 명성을 가지는 정도의 인식을 말한다.

명성은 사업전략의 무형적 요소(intangible element)로서 협력의 관계에 있는 파트너들은 다른 경로관계에서 그들의 행동을 통해 미래 활동의 신호(signals)를 제공한다. 예를 들면, 보복에 대한 명성은 경쟁을 억제시키는 한편, 희생을 하고 기타 경로 구성원들에게 관심을 보이는 개별적 파트너들은 산업 내에서 공정성(fairness)에 대한 명성을 개발할 수 있다(Anderson and Weitz, 1992). 공정성에

---

34) Dollinger, Golden, and Saxton(1997, p.128)에 의하면, 긍정적인 명성이 순수한 자산으로 간주할 수 있을지라도, 명성의 요소가 파트너 간에 가장 돌출된 현안인가에 있다. 즉 협력을 형성하려는 경향에 관해 명성의 정보에 대한 복합된 속성이 존재한다는 것이다. 예를 들면, 기업은 재무적 안정성에 뛰어난 명성을 가질 수도 있지만, 제품은 비혁신적이고 평균수준 이하의 품질로서 볼 수 있다는 것이다.

대한 명성을 얻게 된 파트너를 인식한 상대 파트너는 파트너에 대한 신뢰가 돈독해질 것이며, 제휴(alliance)나 또 다른 조직 간 관계를 생성시키는 데 영향을 준다(Oliver, 1988). 호의적인 믿음, 신뢰, 그리고 심리적 결속을 수반한 명성은 기업가적인 단기간의 협조적 관계(honeymoon)의 토대로서 사용할 수 있는 자산이다(Fichman and Levinthal, 1991). 반면, 관계를 종결하고 그리고 높은 이익(high profits)을 추구하는 데 대한 부정적 명성(negative reputations)을 얻게 된 파트너는 그 파트너 자신이 파트너 쌍방 간의 상호 복지(mutual welfare)에 대한 관심보다는 오히려 자신의 이해관계에만 몰두하는 파트너에게 신호를 보낼 것이다. 그러한 부정적인 명성은 경로 구성원들 간에 신뢰를 저하시킬 것이다.

넷째, 의사교환은 조직적 기능의 중요한 기반이기 때문에, 의사교환 행동은 조직의 성공에 결정적이다(Mohr and Nevin, 1990; Mohr and Spekman, 1994). 의사교환은 파트너 간에 의미 있는 비공식적 공유 및 시의 적절한 정보뿐만이 아니라, 공식적 정보의 공유를 뜻하며(Anderson and Narus, 1990, p.44), 계획, 프로그램, 기대 목표, 그리고 평가기준의 상호개방과도 관련되는 등 광범위하게 정의를 내리고 있다(Anderson and Narus, 1984; Anderson and Weitz, 1989). 의사교환 특히, 시의 적절한 의사교환(Moorman, Zaltman, and Deshpandé, 1993)은 논쟁과 갈등을 해결하고, 지각과 기대를 결합함으로써 지원에 의해 신뢰가 싹튼다(Etgar, 1979). Anderson and Narus(1990, p.45)는 과거의 의사교환은 신뢰의 전제조건이지만, 일련의 기간에 있어서 이러한 신뢰의 누적은 더 좋은 의사교환을 낳을 수 있다고 했다. Anderson and Narus(1990)와 같이 본 연구는 의사교환이 서로 다른 관계자로부터 과거의 의사교환이 빈번하고 매우 높은 질, 즉 적합하고, 시의 적절하며, 그리고 신뢰할 수 있다는 것에 대한 파트너의 인식은 곧 더 큰 협력의 성과를 낳을 것이라고 단언한다.

따라서 협력의 편익을 성취하기 위한, 파트너 간의 효과적인 의사교환은 매우 중요하며, 의사교환은 곧 파트너 간의 가치 있는 정보공유와 목표의 계획 및 설정에 지대한 영향을 미칠 것이다.

다섯째, 기업문화의 하나인 공유가치는 파트너가 행동, 목표, 그리고 정책의 중요 여부, 적합성 여부, 그리고 옳고 그름에 대한 일반적으로 믿음(beliefs)을 가지는 정도(Morgan and Hunt, 1994, p.25)라고 말할 수 있다. 규범(norms)은 적절한 행동(appropriate actions)과 관련되기 때문에 공유가치라고 할 수 있다. 규범은 가치가 조작화된 규칙(Wilson, 1995, p.339)으로 규범이 집합적 대 개별적 목표에 대해 금지된 행동과는 차이가 있다는 것을 제시하였다. 개별 목표는 경쟁적인 행동의 규범을 낳는 반면, 관계적 교환의 규범은 이익의 상호성의 기대에 기반을 두며, 필수적으로 경영행동(stewardship behavior)을 묘사한다. 그리고 전반적으로 관계의 존재가 잘 제고될수 있도록 설계한다(Heide and John, 1992, p.34). 마찬가지로 Dwyer, Schurr and Oh(1987, p.21)는 공유가치를 조직 간에 결속과 신뢰의 발전에 기인할 수 있다고 가정하고 있다. 가치(values)는 조직문화(organizational culture)의 정의에 중요한 것이다(Enz, 1988; Weiner, 1988). Schein(1990, p.111)은 문화가 나타나는 3가지 기본적 수준으로 구분될 수 있다고 한다. 즉 (1) 관찰할 수 있는 문화유물(artifacts), (2) 가치(values) 그리고 (3) 기본적인 중요한 가정(assumptions)이 그것이다. 가치는 광범위하고 강력하게 유지될 때, 문화를 반영한다(Schein, 1990; Weiner, 1988). 고용환경에서 적합한 사람 조직의 가장 좋은 측정이라고 믿는 것을 제공해 주기 때문에(Caldwell and O'Reilly, 1990; Chatman, 1991), 공유가치는 특히 조직의 결속 분야에서 조직 연구자들에게 매우 관심 있는 변수가 된다. 컬만(Kelman,

1961)은 사람의 태도와 행동은 (1)보상과 체벌(reward and punishment) 혹은 순응(compliance), (2) 서로 다른 사람이나 집단 혹은 신원 확인(identification)과 관련된 욕구 (3) 서로 다른 사람이나 집단 혹은 내부화(internalization)와 같은 동일한 가치를 가지는 것을 낳는다고 가설을 정립하였다. 한편, 공유 가치보다, 협의의 의미로 사용되는 상호 목표(mutual goals)는 공동 활동과 관계유지를 통해서 오로지 달성될 수 있는 파트너의 공유 목표의 정도로 정의를 내리고 있다. 이러한 상호 목표는 관계의 지속성을 위해 강력한 이유를 제공한다(Wilson, 1995). 윌슨, 소니 그리고 오키프(Wilson, Soni, and OKeeffe, 1995)는 상호 목표는 성과의 만족에 영향을 끼치며, 번갈아 관계에 대한 결속의 수준에 영향을 미친다고 제안하고 있다.

여섯째, 관계편익은 기업 간 관계 교환에서뿐만이 아니라, 벤처기업 – 대기업의 협력형성에 있어서 핵심적 연결고리는 바로 관계 편익이라고 말할 수 있다. 즉 관계 편익이란 파트너 선택권과 관련된 제품의 수익성(product profitability), 고객 만족(customer satisfaction), 그리고 제품의 성능(product performance)(Morgan & Hunt, 1994, p.209)과 같은 유·무형의 경제적 편익을 의미한다. 이러한 우월한 편익의 제공은 벤처기업 – 대기업 간의 단순시장 거래에서 협력으로의 발전을 도모할 수 있으며, 파트너 간의 협력의 결속을 유발할 수 있다.

일반적으로, 우리나라의 기업 간 관계 시장환경에서 대부분이 경제적 편익의 많고 적음에 따라 협력관계의 지속성의 전제조건이라고 해도 과언이 아니다. 거래에 있어서, 벤처기업 – 대기업의 협력은 신뢰와 결속이라는 토대하에서 이루어지는 것이 아니라, 대부분 일시적으로 경제적 혜택을 누리려는 거래 관계자의 음험한 기회주의적 행위와 가식이 속출하고 있음은 주지의 사실이다.

그러므로 글로벌(global) 환경하에서 특히 경쟁은 기업이 지속적

으로 그들 자신의 제공물(offerings)에 부가가치를 제공해 주는 제품
(products), 프로세스(processes), 기술(technologies)을 모색하는 것이
요구된다. 관계마케팅 이론은 파트너 선택이 경쟁 전략에서 매우
중요한 요소라는 것을 주장한다(Morgan & Hunt, 1994, p.209). 기업
의 조달전략은 기업의 고객에게 우월한 가치를 전달하기 위한 기
업의 능력에서 가장 중요한 요소일 것이라고 하였다(Webster, 1991,
p.28). 우월한 편익을 제공하는 파트너는 매우 가치가 있을 것이기
때문에 기업은 그러한 파트너와 관계를 구축하고, 개발하며, 유지
하도록 스스로 협력을 결속할 것이다.

　한편 본 연구에서 설정한 가설 4까지의 논의가 이변수적인 관계(성
장단계와 협력유형)에 관한 가설을 중심으로 이루어져 있다. 그러나
이러한 이변수적인 적합성 가설은 환원주의적이며(Venkatraman and
Prescott, 1990), 다양한 구성요소들을 독립적으로 분석하는 한계가 있
다(Drazin and Van de Van, 1985). 본 연구에서 설정하고 있는 벤처기
업의 성장단계와 대기업 협력에 관한 모형은 다차원적인 상황을 포
함하고 있다. 따라서 벤처기업의 특성과 대기업의 특성을 고려하는
총체적인 모형의 검정이 요구된다(Venkatraman and Prescott, 1990). 따
라서 벤처기업의 성장단계와 대기업과의 협력유형, 벤처기업 특성과
대기업의 특성의 상이한 구성요소들이 동시적으로 협력성과와 어떻
게 관련되는지 분석해야 한다. 이러한 총체적 접근은 모든 집합으로
써 적합성이 성과에 미치는 영향을 조사하는 것이기 때문이다.

　따라서 본 연구에서는 이러한 벤처기업의 특성과 대기업특성을
성장단계 및 협력유형의 적합성과 협력성과 간의 관계에 영향을
미친다는 다음과 같은 가설을 설정하고자 한다.

가설 5: 벤처기업의 특성(창업자 특성, 핵심역량 및 경쟁우위)은 벤처기업의 대기업에 대한 성장단계와 협력유형 간의 적합성과 협력성과 간에 영향을 미칠 것이다.

가설 6: 대기업 특성(신뢰, 명성, 의사교환, 관계편익, 기업윤리)은 벤처기업의 대기업에 대한 성장단계 및 협력유형 간 적합성과 협력성과 간에 영향을 미칠 것이다.

제4장 연구조사방법

제1절 변수의 조작적 정의와 측정

본 연구에서 <그림 Ⅲ-2>의 연구 모델과 제 가설에 나타난 변수들은 다양한 추상적인 개념(abstract constructs)으로 구성되어 있다. 사실상 이러한 개념들을 측정하여 연구의 제 가설을 검증하기 위해서는 여러 개념들에 대한 조작적 정의(operational definition)가 선결되어야 한다. 즉 일반적으로 연구방법론에 있어서 구성개념의 조작적 정의와 측정문제가 가설검정(hypothesis test)을 통한 실증적 연구(empirical study)에 있어서 가장 핵심된 요소이다.

<표 Ⅳ-1> 연구의 구성개념

연구의 구성요소	구성변수
1. 시장환경요인	동태성(dynamism) 복잡성(complexity)
2. 내부환경요인	자원의 풍요성(munificence) 인적 자원의 동태성(dynamism) 물적 자원의 비효율성(inefficiency) 제품 및 공정의 복잡성
3. 벤처기업의 성장단계유형	존재와 위기(창업), 생존(상업화), 성공과 도약(성장), 성숙
4. 협력의 유형	기능적 제휴(functional alliance) 아웃소싱(outsourcing) 스핀아웃(spin out) M&A, 합작투자
5. 벤처기업의 특성	창업자 특성, 핵심역량 및 경쟁우위
6. 대기업의 유형	신뢰, 명성, 의사교환, 관계편익, 기업문화 및 윤리
7. 협력의 성과	계량적 성과(수익성, 매출액, 시장점유율), 유연성, 원가, 품질

개념의 조작적 정의는 첫째, 개념을 실증적으로 파악할 수 있도록 측정의 관점에서 구체적이어야 하며 둘째, 동일한 개념을 측정

하기 위해서 다양한 차원에서의 정의가 요구된다(Stone, 1978, p.29). 이러한 관점에서 본 연구는 벤처기업-대기업의 협력유형과 협력성과 간의 다양한 개념에 관한 조작적 정의가 이루어졌으며, 이를 요약한 것이 <표 IV-1>이다.

전 항의 개념에 관한 조작적 정의를 실증적으로 파악하기 위하여 설정된 변수의 구성항목을 측정함에 있어서 통계처리의 편의성을 고려하여 5점 구간척도(interval scale)를 중심으로 측정하였다.

(1) 외부시장 환경요인

기술제휴의 행태에 영향을 미치는 환경변수들로는 경쟁 정도(Kurokawa, 1997), 환경의 불확실성, 안정성, 동태성, 복잡성 등을 대표적으로 제시한다(Dollinger & Golden, 1992; Dickson & Weaver, 1997). 시장환경의 불확실성(uncertainty)은 동태성과 복잡성이 결합된 것을 의미하며, 일반적으로 동태성, 복잡성, 그리고 풍요성으로 개념화되었다.

따라서 벤처기업-대기업의 협력유형 도입과 관련하여 시장환경 특성을 파악하기 위하여 본 연구에서는 시장환경을 구성하는 집단을 동태성과 복잡성의 관점에서 살펴보고자 한다. 여기에서 시장환경요인이란 벤처기업-대기업의 협력유형도입에 영향을 주는 시장환경주체를 의미하는 것으로 본 연구에서는 던컨(Duncan, 1972)의 분류와 포터(Porter, 1985)의 분류를 혼합한 소비자, 공급자, 제품, 기술, 정부의 여섯 가지로 시장환경의 주체로 선정하였다.

개념	관련항목	설문구성
동태성	소비자 수요 및 기호변화 예측성	Ⅰ(1, 2)
	제품수명주기의 변화속도	(3, 4)
	경쟁자 행위의 예측성	(5)
	공급자 행위의 예측성	(8)
	기술변화의 예측성	(6)(7)
	정부·규제당국 개입의 예측성	(9)
복잡성	경쟁자의 수	Ⅰ(10)
	경쟁자 경쟁전략의 다양성	(11)
	소비자의 수	(12)
	소비자 집단의 다양성	(13)
	공급자의 수	(14)
	공급자 특성의 다양성	(15)

그러므로 환경의 동태성과 복잡성의 개념에 대한 조작적 정의는 이들 환경구성요인에 대한 동태성과 복잡성을 실증적으로 설명할 수 있는 항목을 설정하였으며, 그 세부적인 항목은 <표 Ⅳ-2>에 나타난 바와 같다. 표에서 설명하고 있는 바와 같이 시장환경요인의 동태성은 환경구성요소의 예측 가능성을 중심으로, 복잡성은 환경구성요소의 수와 다양성을 중심으로 개념구성항목을 조작화하였다.

(2) 내부시장 환경요인

벤처기업-대기업의 협력유형 도입의 원인은 기업의 외부시장 환경요인과 조직내부환경요인에 의해서 영향을 받는다. 즉 기업의 경영성과를 창출할 수 있는 그 원동력은 바로 제품특성, 인적 자원, 기술, 자금 등 여유자금의 존재 여부에 따라서 벤처기업-대기업의 협력유형 도입 의사결정이 영향을 받는다는 것이다. 따라서

벤처기업–대기업의 협력유형 도입 영향요인으로 조직내부환경요
인의 특성을 파악할 필요성이 있는 것이다.

〈표 Ⅳ-3〉 내부환경요인에 관한 개념의 조작화

개념	관련항목	설문구성
자원의 풍요성	고급인력 조달의 용이성 고급기술인력 조달의 용이성 자금조달의 용이성 연구개발을 통한 내부기술력 신기술 사용 경험	Ⅱ(4) (11) (12) (13) (14)
인적 자원의 동태성	임금상승의 변화 정도 직장 내 갈등의 빈도 근무환경에 관한 구성원의 태도변화	(5) (6) (7)
물적 자원의 비효율성	경영자원의 비효율적 관리 설비의 진부화	(9) (10)
제품 및 공정의 복잡성	생산제품의 수사용설비의 특성	(2) (3)

본 연구에서는 자원의 풍요성, 인적 자원의 동태성, 물적 자원의
비효율성 제품 및 공정의 복잡성 등의 변수를 도출하였다. 그리고
도출된 변수를 실증적으로 측정하기 위하여 이들 개념을 <표 Ⅳ-
3>에 나타난 항목으로 조작화하였다.

실제로 조작화에 사용된 자원의 풍요성은 기능인력, 기술인력 등
인적 자원조달의 용이성, 자금조달의 용이성, 내부기술경험 등으로
설명하고자 한다. 특히 인적 자원의 풍요성과 물적 자원의 비효율
성 개념은 1999년대 후반 우리나라 벤처산업의 성장세와 관련된
다양한 문제가 벤처기업–대기업의 협력유형 도입에 영향요인으로
작용함을 설명하기 위한 개념으로 임금상승의 변화 정도, 직장 내
갈등의 빈도, 조직구성원의 태도변화, 기업내부 경영자원의 낭비요

인, 설비의 진부화 및 노후화 등을 측정함으로써 설명하고자 한다. 그리고 제품 및 공정의 복잡성은 벤처기업의 관점에서 생산제품의 수와 사용설비의 특성에 따라 대기업과의 협력이 변화할 수 있으므로 이를 조작화하였다.

(3) 벤처기업의 성장단계 – 대기업의 협력유형

일반적으로 조직의 성장단계는 조직이 전개하는 전사차원에서 조직적 활동과 구조를 담고 있으며, 통상 순차적으로 발전이 진행되며, 성장단계에 따라 변화하는 내·외부적 환경에 적합한 전략을 계획하고 실행한다(Churchill & Lewis, 1983). 그런데 성장단계의 구분에 있어서는 아직 일치된 결과는 없다. 일례로 조직의 성장단계를 3단계 모델(Lippit & Schmidt, 1967), 4단계 모델(Quinn & Cameron, 1983; Kazanjian, 1988; Kazanjian & Drazin, 1989), 그리고 5단계 이상의 모형(Churchill & Lewis, 1983; Miller & Friesen, 1984; Van de Ven et al., 1984; 김종규, 1999) 등 다양하다. 조직의 성장은 리더십, 환경통제, 협력 등과 같은 위기를 경험하는 과정에서 이루어지는 일련의 진화(evolution)와 혁신과정을 거치거나 조직이 새로운 성장기회를 추구하는 과정상에서 환경에 대한 반응(Chandler, 1962)으로 볼 수 있다.

한편, 벤처기업의 성장단계에 관한 국내의 기존 연구들을 검토해보면, 앞서 제시한 모형을 그대로 적용하고 있다(이인찬 등, 1998; 남영호·김완민, 1998; 정승화·안준모, 1998; 김종규, 1999). 본 연구는 창업, 상업화, 성장, 성숙단계로 구분한 4단계 모델(Kazanjian, 1988)과 최근 국내 상황에 적합하게 5단계 모델을 적용한 연구(정승화·안준모, 1998; 김종규, 1999)를 병행해서 적용하고자 한다. 따라서 벤처기업 성장단계별 유형에 관한 조작적 정의는 존재, 생존, 성공, 도약, 성숙의 5단계(Churchill & Lewis, 1983)와 우리나라 실정에 부합하도록 위기단계를 본 연구에 활용하고자 한다. 도출된 변수를 실증적으로 측정하기 위하여 이들 개념을 <표 Ⅳ-4>에 나타난 항목으로 조작화하였다. 이러한 6단계 모형은 4단계 모형에 적용하면 존재 및 생존단계는 벤처기업의 창업단계에, 위기 및 성공단계는 상업화단계에, 도약단계는 성장단계에, 성숙단계는 성숙단계에 해당된다. 따라서 본 연구는 4단계와 6단계 성장모형을 동시에 실시하여 실증연구 결과 수집된 자료를 분석하여 적합한 벤처기업 성장 단계 모형을 활용하고자 한다.

〈표 Ⅳ-4〉 벤처기업 성장유형 개념의 조작화

개념	관련항목		설문구성
	4단계 모형	6단계 모형	Ⅵ(1)
벤처기업 성장 단계유형	①창업의 단계 ②상업화단계 ③성장의 단계 ④성숙의 단계	①존재의 단계 ②위기의 단계 ③생존의 단계 ④성공의 단계 ⑤도약의 단계 ⑥성숙의 단계	(2) (3) (4) (5) (6)

벤처기업-대기업의 협력이란 수익의 달성을 위해 사업의 동반자로서 업무를 수행하는 둘 혹은 그 이상의 참가자들을 의미하는 것으로 이 개념은 주로 회사법 중심의 법적 정의이다. 반면, 파트너 기업이 각각 최종 목적(goals)으로 고객시장의 욕구를 충족시키는 데 초점을 두고, 조정된 노력을 제공하기 위해 활동을 수행하면서, 각 기업의 성공이 부분적으로 다른 기업에 의존한다는 상호인식과 이해가 존재하는 범위로 정의를 내리고 있다(Anderson and Narus, 1990, p.42; Mohr and Spekman, 1994. p.135). 또한, 기업 간

정신의 교류(meeting of the minds)(Ellram and Hendrick, 1995, p.42)
라고도 하며, 관계본질과 목적에 있어서 장기지향적이며 전략적인
의미를 유도할 수 있는 것으로 평가할 수 있다.

본 연구에서 협력은 전략적 제휴, 아웃소싱, 스핀아웃, M&A, 합
작투자를 포괄하는 의미로 사용되고 있으며 그 의미 또한 양자 간
의 관계를 의미한다.

여기에서 전략적 제휴의 범위는 기술제휴,[35] 조달제휴,[36] 생산제
휴,[37] 판매제휴,[38] 자본제휴,[39] 합작투자[40]를 포함한다(김상겸, 1997).

---

[35] 기술제휴는 기술의 공동개발과 상호교환을 목적으로 한다. 참여기업 간
의 특허, 브랜드, know-how, 엔지니어링 서비스의 제공, 기술공여, 교차
라이센싱(cross-licensing), 공동 R&D, 신제품기술개발이 여기에 포함된
다. 라이센싱(licensing)이란 한 기업아 자신의 독점적 기술, 브랜드, 제품
의 유통 및 판매를 타 기업이 활용할 수 있도록 허가해 주고, 그 대가로
로열티를 지급받는 제휴관계를 말한다. 교차라이센싱(cross-licensing)은
2개 이상의 회사가 자사의 기술을 제공하는 대신 상대기업의 특허나 독
점적 기술을 상호교환하는 제휴로서 기술의 상호보완성이 주요 목적이
다. 공동 R&D는 두 개 이상의 회사가 신제품이나 기술을 개발하는 데 협
력하는 제휴형태이며, 두 기업 간에 추진되는 경우로부터 컨소시엄의 형
태로 다수의 기업이 참여하는 경우에 이르기까지 그 형태가 다양하다.

[36] 조달제휴는 안정적 공급원의 확보를 목적으로 하는 다국적 기업의 전
세계적 물자조달 전략의 일환으로 제휴상대기업에 부품조달이나 OEM
을 통해 제품생산을 위탁하는 장기적인 관계를 의미한다.

[37] 생산제휴는 기술 등 경영자원을 상호공급하여 공동생산을 하는 제휴로
서 공동기술개발의 연장으로 이루어지는 경우가 많다. 이것은 주문자
상표부착 생산방식 및 위탁생산·수탁을 통하여 생산비절감, 자사브랜
드의 지배력을 강화하거나 제품라인의 확대, 기술 및 판매망의 결합을
통하여 시장지위를 확보하거나 시장을 확대하는 전략이다.

[38] 판매 및 마케팅제휴는 상대방의 판매능력을 활용한 위탁판매, 공동브
랜드를 사용하거나 제품공유에 의한 상호공동판매 등을 뜻한다. 달리
제품스왑(product swap)이라고도 한다.

[39] 자본제휴는 기술제휴나 판매제휴와는 달리 상호 간의 지분참여를 수반
하는 형태로서 특정기술이나 제품을 개발 또는 생산하기 위하여 합작

아웃소싱은 전략적인 목표하에 업무의 설계에서 운영까지 일부를 외부에 위탁하여 자사의 사업역량을 극대화하는 전략(현창혁, 1998)으로 정의를 내릴 수 있다. 즉 기업 자신의 핵심 분야가 아닌 활동 분야는 적극적으로 외부기업에게 외주를 주는 방법으로서 수직적 통합과 단기적인 시장거래관계를 지양하고 일본의 계열화조직과 비슷한 장기공급계약으로 수직적 거래관계를 재정립한 것이다.

스핀아웃(spin – out)[41]은 유망한 벤처아이디어를 가진 사업부, 팀 혹은 개인이 독립법인을 세워 분사하는 것을 말한다. 이는 모기업과 경영, 기술, 사업관계를 유지할 뿐만 아니라 모기업의 조직, 문화, 핵심역량, 관리시스템, 기술, 시장을 공유하면서 성장해 나가는 사업확장전략이다.

기업인수합병(M&A)은 두 기업이 서로의 도움을 너무나 절실히 필요로 하고 있기 때문에 두 기업이 합하여 하나의 기업형태를 취하는 광의의 전략적 제휴에 해당된다.

따라서 본 연구에서는 기능별 제휴, 아웃소싱, 스핀아웃, 기업인수합병(M&A) 등의 변수를 도출하였다. 그리고 도출된 변수를 실증

회사를 세우거나 상대기업의 주식을 일부 취득하는 형태를 의미하며, 이는 합작투자와 비슷하다고 할 수 있다.

40) 연구개발컨소시엄, 기술제휴, 생산라이센스, 제품스왑과 같은 기능별 제휴는 기업들이 지분참여 없이 기업 간의 계약과 거래에 의해 이루어지나 합작투자는 법률적으로 모기업으로부터 독립된 법인체로서 제휴의 강도가 높으며, 높은 경제성과 시너지를 창출할 필요성에 의해 대두되었다. 즉 기능별 제휴는 한 기능이나 업무 분야에 국한된 경우가 많으나 합작투자는 기업활동의 여러 분야에 걸친 종합적인 협력관계가 필요할 때 실행하는 경우가 많다.

41) 스핀아웃에는 몇 가지 조건이 충족되어야 하는데, 우선 스핀아웃할 부문이 시장에서 경쟁력확보가 가능해야 하고, 그 분야에 핵심역량을 구축해야 한다. 모기업의 효율성 제고에 기여할 수 있어야 한다(이광형·이민화, p.165).

적으로 측정하기 위하여 이들 개념을 <표 Ⅳ-5>에 나타난 항목으로 조작화하였다. 이러한 대기업과의 협력유형은 벤처기업과 대기업 간에 가장 많이 일어나는 형태를 기준으로 조작화한 것이다. 이를 다시 구조결함이론의 구조자율성의 개념(Burt, 1992)에서 재범주화하면, 상대적으로 대기업으로부터 구조자율성이 높은 협력유형(전략적 제휴: 기능별 제휴, 합작투자)과 구조자율성이 낮은 협력유형(아웃소싱, 인수합병, 스핀아웃)으로 구분하여 접근하고자 한다.

〈표 Ⅳ-5〉 협력개념의 조작화

개념	관련항목	설문구성
협력의 유형	①기능별 제휴	Ⅶ(1)
	②아웃소싱	(3)
	③합작투자	(2)
	④스핀아웃	(4)
	⑤기업인수합병	(5)

(4) 벤처기업의 특성

벤처기업 창업자의 특성에 관하여서는 그동안 많은 논의가 있어 왔다. 일례로 슘페터(Schumpeter)의 혁신성 및 적극성, McClelland의 성취욕구 등이 그것이다.

특히 핵심적인 벤처창업자의 특성으로 제시되고 있는 벤처기업의 최고경영자(CEO) 가치관, 즉 기업가 정신(entrepreneurship)은 기회에 대한 일상적인 반복에서 벗어나 미지의 기회에 대한 기민성을 갖는 혁신적인 의사결정자(Shumpeter, 1991), 새로운 벤처기업 아이디어를 구상하고 인적·재무적·물적 자원을 손수 조달함은 물론 대부분의 인적·재무적 위험을 스스로 부담하며 기업을 직접 운영하고 성장시키는 사람(한상열, 1997)을 뜻한다. 기업가적 정신은 동일한 조건하에 불확실한 환경 속에서 현저한 경영성과를 달성함에 따라 기업가의 고유한 가치관을 발견하려 한다. 따라서 기업가의 심리적 특성들인 성취욕구[42](McClelland, 1965; Horaday & Aboud, 1971), 통제위치[43](Miller et al., 1982; Miller and Troulouse, 1986), 위험감수성[44] (Horaday & Aboud, 1971), 모험성 감수(ambiguity tolerance)(Bunder, 1962; Begley & Boyd, 1987), 그리고 기업의 교육 정도, 나이, 가정 환경, 경험 등과 같은 배경(background)적인 특성(Hisrich & Peters, 1992) 등이 관심의 대상이 되고 있다.

본 연구에서는 창업가의 능력과 벤처성과 간에 관한 연구(Chandler & Jansen, 1992; Hisrich, 1992)에서 창업가의 능력을 기업가적 능력, 관리적 능력, 기술적을 활용하고자 한다. 기업가적 능력(entrepreneurial skills)은 기업수준에서의 전략적인 자세(strategic posture) 로서 최고경영자의 제품과 서비스에 대한 적극성, 경쟁자에 대한 적극성, 그리고 위험감수 정도를 나타내는 것으로 기업의 전반적 전략적 방향성을 나타내는 것으로 평가할 수 있다. Hisrich(1992)의 정의에 따라 기술적인 능력(techical skills)은 기술적인 전문성 보유, 경영환경 변화능력, 조직능력, 지시능력 등을 적용하여 조작화하였 다. 관리적 능력(business management skills)은 계획 및 목표수립 능

---

42) 성취욕구가 높은 사람은 문제해결을 위해 주도적으로 나서려 하고 목 표를 제시하며, 그 목표의 달성을 위하여 열정적으로 노력하는 성향을 의미한다.

43) 기업가들 생활 속에서의 사건에 영향을 미치는 대상에 대한 지각능력 을 말한다.

44) 기업가를 위험을 가정하고 기업을 경영하는 이성적 의사결정자로 간주 하였으며, 예견력을 소유하고 기꺼이 위험을 감수하여 수익 및 손실을 유발하는 행동을 채택하는 사람을 말한다.

력, 의사결정능력, 대인관계능력, 마케팅지식, 통제능력, 성장관리능력 등을 적용하여 조작화하였다.

한편 벤처기업의 성공적인 특성으로 핵심역량은 먼저 제품기술력과 공정기술력으로 구성하였다. 제품기술력(product capability)은 해당 벤처기업이 새로운 제품을 도입하거나 개발하는 것으로 제품혁신이며, 공정기술력(process capability)은 제품도입이나 개발의 운용상에 새로운 요소를 도입하는 것으로 공정혁신을 의미한다. 또한 기술우위는 해당 벤처기업이 속한 산업에서 동일제품생산의 기술수준비교를 통해 측정하였다. 조직역량은 개인의 지식역량을 결합하고 전환시키는 능력을 말한다. 이는 개인이 가진 지식을 개인, 조직, 외부와 상호작용할 수 있는 능력을 의미한다. 본 연구에서는 조직역량을 내부적인 조직응집성과 외부지식원천과의 교류능력으로 측정하였다. 또한 조직역량은 부서 간 업무협조능력, 외부지식교류의 2개 하위요소로 측정하였다. 부문 간 업무협조능력은 제품개발부서와 기술담당자 간의, 제품개발부서와 생산부서 간의 업무협조능력으로 측정된다.

〈표 Ⅳ-6〉 창업자특성 개념의 조작화

개념 (construct)	관련 항목	설문 구성
창업자의 특성	①기업가 정신 ②관리적 능력 ③기술적·기능적 능력	V(7~13) (1~6) (14~16)
핵심역량 (경쟁우위)	①제품개발기술 ②생산기술 및 업무처리기술 ③동일제품생산의 기술수준비교 ④조직과 부서 간의 협력 정도	Ⅻ.5(1~6) (1~4) (1~7) ⅩⅢ.9(1~9)

(5) 대기업의 특성

대기업의 특성으로 신뢰(Ganesan, 1994; Morgan and Hunt, 1994) 6개 항목, 명성(Anderson & Weitz, 1992)의 4개 항목, 의사교환(Mohr and Nevin, 1990)의 5개 항목, 기업문화 및 윤리(공유가치)(Enz, 1988; Hunt, Wood, and Choko, 1989; Gundlach and Murphy, 1993)의 4개 항목, 관계 편익(Anderson & Narus, 1990)의 5개 항목 등의 변수를 사용하고자 한다. 이들 개념은 기존 연구가들이 이미 신뢰성과 타당성이 검증된 것으로써 본 연구에서 다시 그 변수들을 채택하여 사용하고자 한다.

〈표 Ⅳ-7〉 대기업의 특징에 관한 개념의 조작화

개념 (construct)	관련 항목	설문 구성
신뢰(trust)	①벤처기업의 대기업에 대한 거래의 정직성 평가 ②벤처기업의 대기업에 대한 향후 경계(역방향측정) ③벤처기업의 대기업에의 경영방침 추종의 성과 ④벤처기업-대기업의 거래상의 동등관계 ⑤벤처기업의 대기업에 대한 협조적 거래관계기대 ⑥벤처기업의 향후 사업의 담보 및 정체화	Ⅷ(1) (2) (3) (4) (5) (6)
명성 (reputation)	①벤처기업의 대기업의 명성에 대한 신뢰 ②벤처기업의 대기업의 이해심에 대한 지각 ③벤처기업 측의 대기업의 나쁜 평판에 대한 지각(역방향 측정치) ④벤처기업이 대기업에 대한 공정성에 대한 지각	Ⅷ(12) (13) (14) (15)
의사교환 (communication)	①벤처기업-대기업의 의사교환의 효율성 ②벤처기업의 대기업 의사결정자와의 접촉 용이성 ③대기업은 구매자와의 의사교환을 위한 방법으로 정보통신활용 장려 ④벤처기업은 대기업과의 업무에서 전화이용의 용이성 ⑤벤처기업의 사업조정 및 갈등해결 위한 대기업 의사결정자와 대면의 용이성	Ⅷ(7) (8) (9) (10) (11)

개념 (construct)	관련 항목	설문 구성
관계편익	①벤처기업의 대기업으로부터 획득된 총수익	Ⅷ.(21)
	②벤처기업의 대기업으로부터 제공된 제품구색	(22)
	③벤처기업의 대기업으로부터 제공된 촉진 및 판매촉진서비스	(23)
	④벤처기업의 대기업으로부터 제공된 유통 및 물적 유통서비스	(24)
	⑤벤처기업의 대기업으로부터 획득된 마진율	(25)
기업문화와 윤리	①벤처기업의 대기업과의 사업성공을 위해 비윤리적 방법과 타협의 필요성 제기	Ⅷ.(26)
	②벤처기업의 대기업과 구성원의 성공을 위해 비윤리적 방법과 타협의 필요성 제기	(27)
	③벤처기업 구성원의 이익추구에 대한 제재	(28)
	④벤처기업 구성원이 부도더한 회사목표달성에 대한 제재	(29)
	⑤벤처기업 사업성공을 위한 비윤리적 방법과 타협	(30)
	⑥벤처기업 조직구성원으로서 성공을 위한 비윤리적 방법과 타협	(31)
	⑦조직구성원의 부정행위에 대한 즉각적 제재	(32)
	⑧조직구성원의 부정적 회사목적 달성에 대한 즉각적 제재	(33)

(6) 협력성과

벤처기업－대기업의 협력관계에서 그 성과를 연구한 문헌은 없으나 한상열(1997)에 의하면 벤처기업의 기업가와 그 성과에 관한 연구는 최근 진행되어 왔다(Ibrahim & Goodwin, 1986; Begley & Boyd, 1987; Sandberg & Hofer, 1987; Zimmerer & Scarborough, 1996; Wright, Robbie & Ennew, 1997).

성과변수는 단일지표로는 측정이 어렵다는 것이 일반적인 학자들의 주장이다. 이에 단일지표에 의한 측정의 오류를 피하기 위해 종합적으로 성과를 측정할 필요성과 사업전략의 연구에 있어서 중요하게 채택되어야 할 성과변수로는 수익성과 재무적인 지표가 필요하다고 주장하였다(White and Hamermesh, 1981). 기업성과를 다차원구조로 파악하고 재무성과, 사업성과, 조직의 효과성을 기준으로 성과를 평가하여야(Venkatraman & Ramanujam, 1986) 하며, 성과측정에 수익성, 매출액, 시장점유율, 조직의 유효성 등에 대해 종합적으로 고려할 필요성이 있다(Bonma & Clark, 1988)고 하였다.

또한 협력을 통한 경영성과는 성장관련 성과, 안정관련 성과, 혁신관련 성과로 구분하였다. 기존의 기업성과 평가지표가 재무지향적이고 원가위주로 되어 있는 것에서 탈피하여 재무적 성과의 기반이 되는 비재무적 성과를 고려하였다(Ferdow & De Meyer, 1990의 모래성 이론). 따라서 벤처기업의 안정성과 관련된 성과로 모래성이론의 유연성(speed), 품질(quality) 성과를 추가하였다.

특히 벤처의 성장단계마다 주요한 측정지표가 다르게 측정되어야 하기 때문에 일반적인 경영성과 측정을 도입하기가 적절하지 않다고 하였다(Zahra, 1996). 즉 제품개념·신제품개발단계에서는 개발과정에 따른 소유주의 만족도가 중요한 측정변수이며, 상업화단계에서는 브랜드인지도, 주문창출이, 성장단계는 시장성장률, 현금흐름, 수익성이 중요한 측정평가에 해당되며, 안정화단계는 수익성, 시장점유율, 생산성, 내부적 효율 등으로 단계별 특징에 따라 측정되어야 한다는 것이다.

따라서 본 연구에서는 피응답자의 응답률을 제고시키는 차원에서 기업가의 주관적인 평가로 성과를 측정하되(Zahra, 1996), 성과측정에는 수익성, 매출액, 시장점유율 등을 종합적으로 고려(Bonma & Clark, 1988) 계량적 성과로 정의한다. 또한 유연, 원가, 품질 등 비재무적 성과도 함께 협력성과의 변수를 실증적으로 측정하기 위하여 이들 개념을 <표 Ⅳ-8>에 나타난 항목으로 조작화하였다.

〈표 Ⅳ-8〉 협력성과 개념의 조작화

개념	관련항목	설문구성
협력성과	①계량적 성과 ②원가 ③품질 ④유연성	Ⅳ(1~4) Ⅳ(5~7) Ⅳ(11~14) Ⅳ(8, 9, 15, 16)

제2절 표본설계, 자료수집 및 분석방법

(1) 표본설계 및 설문지 구성

본 연구의 모집단은 우리나라의 벤처기업 전체가 대상이 된다. 이를 연구하기 위한 표본은 1997년 12월에 산업자원부로부터 시범 테크노파크로 지정된 전국 6개 사업자인 경북테크노파크의 협조를 받아 대구, 송도, 안산, 포항 등의 테크노파크(TP), 벤처기업, 대학 및 벤처센터, 그리고 산업단지 등의 창업보육센터 등에 입주한 벤처기업 500개 업체를 대상으로 하였다.

실증연구를 수행하기 위해서 측정도구로 활용한 설문지는 다음과 같이 구성하였다.

<표 Ⅳ-9> 설문지 구성

변수명	하위변수	설문문항	항목 수
외부시장 환경	동태성	Ⅰ.1~Ⅰ.9	9
	복잡성	Ⅰ.10~Ⅰ.15	6
기업내부 환경	기술자원	Ⅱ.1~Ⅱ.3, Ⅱ.12~Ⅱ.14	6
	인적·물적 자원	Ⅱ.5~Ⅰ.10	6
벤처기업 성장단계		Ⅵ.1~Ⅵ.6	6
벤처-대기업 협력유형		Ⅶ.1~Ⅶ.5	5
벤처기업 특성	창업자 특성	Ⅴ.1~Ⅴ.16	16
	핵심역량(경쟁우위)	ⅩⅡ.5~ⅩⅢ.9	26
대기업 특성	신뢰	Ⅷ.1~Ⅷ.6	6
	의사교환	Ⅷ.7~Ⅷ.11	5
	명성	Ⅷ.12~Ⅷ.15	4
	관계편익	Ⅷ.21~Ⅷ.25	5
	기업윤리	Ⅷ.26~Ⅷ.33	8
협력성과	계량적 성과	Ⅳ.1~Ⅳ.4	4
	원가절감	Ⅳ.5~Ⅳ.7	3
	품질향상	Ⅳ.11, 13, 14	3
	유연성	Ⅳ. 8, 9, 15, 16	4

(2) 자료수집방법

본 연구는 자료수집을 위해 기본적으로 설문조사에 의한 실증적인 연구를 실시하였다. 이러한 자료수집의 응답률 제고와 설문항목에 대한 오해를 없애기 위해 기업체 방문을 통하여 직접 작성하는 것을 기본으로 하였다. 또한 충분한 자료수집을 위해서 사전 전화협조를 통한 전자메일(e-mail), 우편조사도 함께 실시하였다.

총 500개의 목표설문 중 직접 방문을 통하여 총 284(56.8%)개를 회수하였다. 수집된 자료 총 275개는 직접 방문을 통하여 133(46.8%)개,

전자메일 94(33.1%)개, 우편조사 57(20.1%)개를 통해 회수되었다. 이 중 불성실하게 답변하거나 응답에 신빙성이 없는 9개 업체를 제외하고 최종 275개를 본 연구의 표본으로 확정하였다.

(3) 자료분석방법

본 연구의 목적을 달성하기 위해서 SPSSWIN10.0 통계패키지를 활용하여 자료를 분석한다. 자료분석 방법은 먼저 표본의 특성 및 자료의 기술통계량을 분석하기 위해서 빈도분석과 기술통계분석을 실시한다. 다음으로 본 연구에서 복합지수(composite index)로 사용하고 있는 변수의 신뢰도와 타당도를 분석하기 위해서 신뢰성 분석(reliability analysis)과 요인분석(factor analysis)을 통해 타당성 분석을 실시한다. 다음으로 연구모형과 연구가설을 검증하기 위해서 t‐test와 ANOVA 등의 통계기법을 활용하여 집단 간의 차이검정, 상관관계 및 회귀분석을 통해 관계분석, 벤처기업 성장단계와 벤처‐대기업 협력유형 간의 차이를 분석하기 위해 교차분석(cross‐tabulation analysis)을 실시한다.

또한 벤처기업의 성장단계와 협력유형 간의 적합성에 따른 협력성과를 분석하기 위해서, Venkatraman(1989)의 조절적합에서 사용하고 있는 상호작용효과(interaction) 검정과 차이검정을 위해 회귀분석, GLM을 통해 MANOVA분석을 수행한다. 벤처기업 특성과 대기업 특성의 조절효과를 검정하기 위해서, Venkatraman(1989)의 매개적합에서 사용하고 있는 기법을 원용하여 회귀분석과 GLM 분석을 함께 수행한다.

제5장 자료의 분석 및 가설검정

제1절 표본의 특징

다음의 <표 Ⅴ-1>은 조사대상업체의 일반적인 특성을 제조-비제조, 정보통신(IT)업 및 비정보통신업 차원에서 구분하여 산업별 분포를 먼저 살펴보았다. 그리고 응답자에 의한 성장단계, 종업원 수에 의존한 조직규모, 설립연도, 입주형태 등을 나타내고 있다.

〈표 Ⅴ-1〉 표본 특징

구분	내용	세부내용	빈도	비율(%)
산업별 분포	정보통신 · 비정보통신	징보통신	102	42.1
		비정보통신	140	57.9
	제조 · 비제조	제조	162	66.9
		비제조	80	33.1
조직규모	종업원 수	5명 이하	68	28.1
		10명 미만	65	26.9
		20명 미만	46	19.0
		30명 미만	21	8.7
		50명 미만	13	5.4
		50명 이상	29	12.0
창업연도		99년 이후(2년 이내)	141	56.6
		97년-98년(2년~4년)	37	14.9
		93년-97년(4년~8년)	25	10.0
		92년 이전(8년 이상)	46	18.5
입주형태		창업보육센터	138	52.1
		공단단지	57	21.5
		일반 지역	63	23.8
		기타	7	2.6

구체적으로 그 내용을 살펴보면, 산업분포에 있어서는 비정보통신 업체(57.9%)와 제조업체(66.9%)의 비중이 높았다. 조직규모 차원에서 종업원 수는 대부분 20명 이하의 기업(74%)이 대부분을 차지하는 것으로 나타났다. 창업연도의 경우 2년 이하의 기업(56.6%)이 가장 많은 비중을 차지하였으며, 그다음 4년 이하, 8년 이하 등의 순으로 나타났다. 입주형태는 테크노파크 및 각종 기관의 창업보육센터(52.1%)에 입주한 경우가 가장 많은 비중을 차지하였다.

〈표 Ⅴ-2〉 벤처창업자 특성

창업자 특성	내용	빈도	비율(%)
성별	남성	225	84.6
	여성	41	15.4
교육적 배경	중졸 이하	1	0.4
	고졸	15	5.6
	전문대졸	25	9.4
	대졸	142	53.2
	대학원졸	81	30.3
	해외MBA	3	1.1
연령	20대	11	4.3
	30대	83	32.7
	40대	119	46.9
	50대 이상	41	16.1
전공	경상	60	25.2
	이공계	148	62.2
	인문사회	17	7.1
	예체능	10	4.2
	농축산·기타	3	1.3

다음으로 표본 벤처기업의 창업자 특성 성별, 교육적 배경, 연령,

전공 등을 요약하면, 다음 <표 Ⅴ-2>에 나타난 바와 같다. 성별은 남성(84.6%)의 비중이 매우 높았으며, 교육적 배경으로는 대졸 이상 (83.5%)이 대다수를 차지하였다. 연령은 30대~49대 사이가(79.5%)로 대다수를 차지하였다. 전공별로는 이공계 출신(62.2%)이 가장 많았으며, 경상계열, 인문사회계열 순으로 나타났다.

제2절 변수의 신뢰성과 타당성 분석

(1) 구성변수의 신뢰성과 타당성 분석

본 연구에 사용된 복합지수로 구성된 변수의 신뢰성은 내적 일관성을 측정하는 크론바하 알파계수(Cronbach's α)를 사용하였다. 타당성을 측정하기 위해서 구성타당성 검증에 해당하는 요인분석을 실시하였다. 분석결과는 아래 <표 Ⅴ-3>~<표 Ⅴ-8>에 나타난 바와 같다. 분석결과 <표 Ⅴ-3>의 외부환경요인의 경우 본 조사의 설계대로 5개의 요인이 추출되었다. 동태성 차원은 제품기술, 소비자, 집단 동태성 등 3개의 요인이, 복잡성은 전방환경 및 후방환경 등 2개의 요인이 추출되었다. 각 요인에 적재된 부하치가 모두 .6 이상으로 나타났으며, 신뢰도 계수는 후방환경 복잡성이 .595로 조금 낮았다.

<표 Ⅴ-3> 외부환경요인에 대한 신뢰성과 타당성 분석 결과

요인명	문항	요인1	요인2	요인3	요인4	요인5	신뢰성 계수(α 값)
제품기술 동태성	dy04	**0.819**	0.121	0.134	0.074	0.142	0.826
	dy03	**0.812**	0.033	0.164	0.202	0.123	
	dy06	**0.777**	0.341	0.103	0.007	−0.012	
	dy07	0.639	0.418	0.015	0.011	0.052	
집단 동태성	dy05	0.218	**0.759**	0.040	0.167	0.082	0.712
	dy08	0.195	**0.738**	0.164	0.161	−0.019	
	dy09	0.126	**0.705**	0.129	0.026	0.179	
전방환경 (소비자, 경쟁자) 복잡성	com01	0.110	0.073	**0.865**	0.105	0.082	0.662
	com02	0.163	0.198	**0.804**	−0.008	0.025	
소비자 동태성	dy01	−0.041	0.190	−0.023	**0.855**	−0.004	0.642
	dy02	0.336	0.099	0.156	**0.773**	0.088	
후방환경 (공급자) 복잡성	com05	0.018	0.031	0.024	0.203	**0.859**	0.585
	com06	0.210	0.191	0.092	−0.152	**0.798**	
전체 분산(%)		20.3	15.8	11.8	11.6	11.3	
아이겐 값		2.641	2.052	1.529	1.504	1.468	

<표 Ⅴ-4>의 내부환경요인은 초기 설계에서는 기술자원 풍요성, 인적 자원 동태성, 물적 자원의 비효율성 등 3개의 복합지수로 설계하였다. 한편, 제품복잡성 및 공정복잡성은 단일항목으로 측정하였기 때문에 요인분석에서 제외하였다. 요인분석 결과 기술자원풍요성과 인적 동태성 및 물적 자원의 비효율성 등 2개의 요인으로 추출되었다. 즉 일반 기업과는 달리 벤처기업의 특성을 고려하면, 기술적 자원과 인적·물적 자원으로 구성되는 것이 적절한 것으로

판단된다. 각 요인에 적재된 부하치가 모두 .5 이상으로 나타났으며, 신뢰도 계수는 두 변수 모두 .572 이상으로 나타나, 최소한의 타당성과 신뢰성이 확보되었다.

〈표 Ⅴ-4〉 내부환경요인에 대한 신뢰성과 타당성 분석 결과

요인명	문항	요인1	요인2	신뢰성 계수(α 값)
기술풍요성	flu04	**0.821**	0.184	0.591
	flu03	**0.762**	0.025	
	flu05	**0.573**	−0.160	
인적 자원 동태성 및 물적 자원의 비효율성	P-ine02	−0.242	**0.761**	0.572
	P-ine01	−0.239	**0.722**	
	H-dy01	0.306	**0.587**	
	H-dy03	0.198	**0.522**	
전체 분산(%)		26.2	25.4	
아이겐 값		1.831	1.779	

〈표 Ⅴ-5〉 창업자 특성에 대한 신뢰성과 타당성 분석 결과

요인명	문항	요인1	요인2	요인3	신뢰성 계수 (α 값)
관리적 능력	mg01	**0.771**	0.051	0.268	0.838
	mg02	**0.764**	0.207	0.253	
	mg04	**0.750**	0.269	0.234	
	mg03	**0.677**	0.214	0.168	
	mg05	**0.603**	0.193	0.311	
기술적 능력	sk03	0.157	**0.885**	0.161	0.886
	sk02	0.217	**0.825**	0.274	
	sk01	0.298	**0.813**	0.256	
기업가적 능력	en03	0.241	0.241	**0.770**	0.810
	en02	0.238	0.323	**0.747**	
	en01	0.278	0.272	**0.685**	
	en04	0.308	0.048	**0.672**	
전체 분산(%)		25.1	21.4	21.3	
아이겐 값		3.009	2.565	2.556	

〈표 V-6〉 핵심역량에 대한 신뢰성과 타당성 분석 결과

요인명	문항	요인1	요인2	요인3	신뢰성 계수(α 값)
기술우위	te03	**0.838**	0.141	0.122	0.870
	te06	**0.789**	0.075	0.186	
	te04	**0.775**	0.164	0.150	
	te05	**0.717**	0.208	0.081	
	te02	**0.664**	0.364	0.226	
	te01	**0.591**	0.337	0.312	
	te07	**0.515**	0.071	0.147	
조직역량	coh08	0.224	**0.760**	0.147	0.770
	coh09	0.280	**0.713**	0.183	
	coh06	0.128	**0.711**	0.146	
	coh05	0.210	**0.669**	0.046	
	coh07	0.050	**0.592**	0.025	
	coh04	0.062	**0.548**	0.081	
기술·공정역량	tc02	0.173	0.050	**0.786**	0.801
	tc03	0.236	0.259	**0.745**	
	tc01	0.051	−0.066	**0.553**	
	pc01	0.378	0.045	**0.547**	
	pc02	0.382	0.297	**0.546**	
	tc05	0.033	0.219	**0.526**	
	tc04	0.318	0.450	**0.524**	
전체 분산(%)		20.8	17.3	14.8	
아이겐 값		4.170	3.454	2.962	

　　<표 V-5>의 벤처기업의 특성은 관리적 능력, 기업가 정신, 기술 및 기능적 능력 등의 창업자 특성 변수에 대한 요인분석과 기술·공정역량, 기술우위, 조직역량 등의 벤처기업 핵심역량 및 경쟁우위 특성에 관하여 요인분석을 실시하였다. 먼저 창업자 특성에 대한 요인분석 결과 <표 V-5>에 나타난 바와 같이 본 조사의 설계대로 3개의 요인이 추출되었다. 각 요인에 적재된 부하치 모두가 .6 이상으로 나타났으며, 신뢰도 계수는 모두 .80 이상으로 나타나

타당성과 신뢰성이 있는 것으로 판단된다. 한편 핵심역량 및 경쟁 우위 변수에 대한 요인분석 결과 <표 V-6>에 나타난 바와 같이 본 조사의 설계대로 3개의 요인이 추출되었다. 각 요인에 적재된 부하치 모두가 .548 이상으로 나타났으며, 신뢰도 계수는 모두 .70 이상으로 나타나 타당성과 신뢰성이 있는 것으로 판단된다.

<표 V-7> 대기업 특성에 대한 신뢰성과 타당성 분석 결과

요인명	문항	요인1	요인2	요인3	요인4	요인5	요인6	신뢰성 계수 (α 값)
관계편익	be03	**0.863**	−0.052	0.152	0.110	0.096	0.047	.886
	be04	**0.825**	−0.098	0.123	0.081	−0.034	0.172	
	be02	**0.812**	−0.111	0.132	0.131	0.223	0.016	
	be01	**0.785**	−0.063	0.129	0.125	0.178	0.067	
	be05	**0.665**	−0.033	0.080	0.200	0.225	0.147	
타협윤리	ce2	−0.044	**0.839**	−0.022	0.036	−0.224	0.052	.842
	ce5	−0.107	**0.832**	−0.168	0.050	0.069	−0.210	
	ce6	−0.106	**0.790**	−0.252	0.089	0.028	−0.101	
	ce1	−0.059	**0.731**	0.045	0.008	−0.355	0.140	
제재윤리	ce8	0.202	−0.163	**0.844**	0.044	0.141	−0.073	.841
	ce7	0.182	−0.020	**0.834**	−0.020	0.193	−0.159	
	ce3	0.117	−0.115	**0.721**	0.097	−0.024	0.340	
	ce4	0.101	−0.154	**0.707**	0.116	0.110	0.428	
의사교환	ex04	0.121	0.048	−0.051	**0.860**	0.066	0.022	.778
	ex03	0.165	0.172	0.144	**0.771**	−0.023	0.033	
	ex05	0.169	−0.085	0.080	**0.673**	0.293	0.231	
	ex02	0.151	0.021	0.029	**0.602**	0.373	0.242	
신뢰	tr01	0.107	−0.072	0.105	0.076	**0.703**	0.203	.716
	tr05	0.285	−0.078	0.124	0.163	**0.680**	0.123	
	tr04	0.157	−0.324	0.146	0.195	**0.648**	0.053	
명성	re02	0.239	−0.031	0.105	0.261	0.359	**0.688**	.775
	re01	0.293	−0.070	0.117	0.267	0.387	**0.574**	
전체 분산(%)		16.5	12.8	12.3	11.3	10.4	6.5	
아이겐 값		3.624	2.811	2.702	2.488	2.280	1.440	

<표 Ⅴ-7>의 대기업의 특성은 본 조사의 설계대로 6개의 요인이 추출되었다. 각 요인에 적재된 부하치가 대기업 명성의 한 항목이 .574 인 경우를 제외하고 모두가 .6 이상으로 나타났으며, 신뢰도 계수는 모두 .70 이상으로 나타나 타당성과 신뢰성이 있는 것으로 판단된다.

〈표 Ⅴ-8〉 협력성과에 관한 신뢰성과 타당성 분석 결과

요인명	문항	요인1	요인2	요인3	요인4	신뢰성 계수(α 값)
계량적 성과	pe01	**0.831**	0.131	0.276	0.063	0.823
	pe02	**0.828**	0.128	0.211	0.130	
	pe03	**0.772**	0.290	0.094	0.158	
유연성	fl03	0.116	**0.845**	0.295	0.089	0.816
	fl04	0.175	**0.820**	0.237	0.122	
	fl01	0.273	**0.557**	0.025	0.498	
	fl02	0.450	**0.548**	−0.025	0.366	
품질	qu02	0.172	0.109	**0.812**	0.210	0.811
	qu03	0.167	0.237	**0.805**	0.143	
	qu01	0.365	0.397	**0.558**	0.178	
원가	co04	0.123	0.156	0.102	**0.828**	0.694
	co03	0.023	0.154	0.234	**0.724**	
	co02	0.353	0.025	0.379	**0.516**	
전체 분산(%)		20.2	18.4	16.2	15.6	
아이겐 값		2.624	2.389	2.102	2.022	

<표 Ⅴ-8>의 대기업과의 협력성과는 4개의 요인이 추출되었다. 각 요인에 적재된 부하치가 모두 .50 이상으로 나타났으며, 신뢰도는 모두 .60 이상으로 나타나 타당성과 신뢰성이 확보되었다.

(2) 벤처기업 성장단계의 타당성 분석

벤처기업의 성장단계에 관한 타당성과 신뢰성을 검증하기 위해서 Kazanjian & Drazin(1989)과 김영배와 하성욱(2000)이 사용한 방법을 응용하여 사용하였다. 즉 성장단계별로 기업 연륜과 종업원수를 적용하여 차이분석을 실시하였다. 기존 연구에서는 매출액 등과 같은 계량적 기업성과를 보고 있으나, 본 연구대상이 되는 벤처기업의 경우 매출액 노출을 상당히 꺼려하고 있어서 응답의 신빙성을 고려하여 여기에서는 제거하였다.

〈표 Ⅴ-9〉 벤처기업 성장단계 타당성 분석

구분	성장단계	N	평균	표준편차	F값	유의 값
종업원 수	창업단계	130	21.55	81.30	0.921	0.431
	상업화단계	57	31.63	67.08		
	성장단계	40	39.85	63.18		
	성숙단계	11	46.45	73.89		
조직업력	창업단계	134	4.85	6.83	3.896**	0.010
	상업화단계	59	7.53	7.45		
	성장단계	40	7.03	8.60		
	성숙단계	12	10.75	6.92		

성장단계의 분석은 Kazanjian(1989)과 Kazanjian과 Drazin(1989)의 4단계 성장단계에 근거하여 조직업력과 종업원 수를 중심으로 차이분석을 실시하였다. 분석결과는 <표 Ⅴ-9>에 나타난 바와 같이 성장단계에서 유의한 차이를 보이고 있다. 분석결과 조직업력에서 유의한 차이를 보이고 있다. 조직업력의 경우 대체로 성장이 창업단계에서 성숙단계로 진행되면서 높아지고 있음을 알 수 있다.

〈표 Ⅴ-10〉 벤처기업 성장단계에 대한 사후 검증 결과

변수명	(I) 성장단계	(J) 성장단계	평균차이 (I-J)	유의 값
조직업력	창업단계	상업화단계	-2.675*	0.020
		성숙단계	-5.899**	0.008

이를 <표 Ⅴ-10>와 같이 사후분석을 통해 보다 구체적으로 살펴본 결과 조직업력에 있어서 창업단계와 성숙단계 사이에서 가장 큰 차이를 보이는 것으로 나타났다. 한편 종업원 수의 경우 벤처기업의 성장단계가 높아질수록 증가하는 것으로 나타났으나, 통계적으로 유의미한 차이를 보이지 못하고 있다. 이는 제조업이냐 비제조업이냐와 같은 업종의 영향으로 고려된다. 이러한 결과들을 종합적으로 볼 때 본 연구에서 구분한 벤처기업의 성장단계는 대체로 타당성이 있다고 판단된다.

제3절 실증연구의 결과 분석 및 가설의 검정

본 연구에서 가설검정은 가설 1과 가설 2를 통해서 벤처기업의 내·외부적 환경변수가 성장단계와 협력유형에 미치는 영향을 분석하고, 가설 3의 설정과 같이 성장단계와 협력유형의 차이를 분석하고자 한다. 다음으로 가설 4 협력성과별로 성장단계와 협력유형 간의 회귀분석과 상호작용(interaction) 효과의 검정을 통해 조절 적합성을 분석하고자 한다. 마찬가지로 가설 5와 가설 6 벤처기업 특성과 대기업 특성의 협력성과에 대한 회귀분석과 상호작용효과를 검정함으로써 조절 적합성을 분석하고자 한다.

(1) 외부환경요인과 벤처기업 성장단계 및 대기업 협력유형 간 관계

1) 외부환경요인과 벤처기업 성장단계 간의 관계

외부환경요인과 벤처기업 성장단계 간의 관계(가설1－1)를 검정하기 위해서 ANOVA분석을 실시하였다. <표 Ⅴ－11>의 분석결과 집단동태성, 소비자 동태성 등 환경의 동태성이 유의미한 차이가 있는 것으로 나타났다. 집단동태성의 경우 .05의 유의수준에서 유의미한 차이를 보이고 있다. 집단동태성은 성장단계 > 창업단계 > 성숙단계 > 상업화단계의 순으로 높게 나타났다. 한편 소비자의 동태성은 .05의 유의수준에서 유의미한 차이를 보였다. 소비자동태성은 창업단계 > 성장단계 > 성숙단계 > 상업화단계의 순으로 나타났다. 이를 구체적으로 살펴보기 위해서 LSD 방식에 의해 사후검정을 (Post－hoc test) 실시하였다.

<표 V-11> 외부환경요인과 벤처기업 성장단계의 분석결과

외부환경요인	성장단계	업체 수	평균	표준편차	F값
전방환경복잡성	창업단계	62	3.72	0.87	1.959
	상업화단계	83	3.51	0.81	
	성장단계	32	3.89	0.84	
	성숙단계	90	3.54	0.92	
후방환경복잡성	창업단계	62	3.11	0.78	1.483
	상업화단계	83	3.08	0.78	
	성장단계	32	3.42	0.92	
	성숙단계	90	3.12	0.83	
제품동태성	창업단계	62	3.56	0.80	1.314
	상업화단계	83	3.36	0.99	
	성장단계	32	3.69	0.77	
	성숙단계	90	3.54	0.88	
집단동태성	창업단계	62	3.37	0.86	2.747*
	상업화단계	83	3.14	0.80	
	성장단계	32	3.52	0.79	
	성숙단계	90	3.15	0.73	
소비자 동태성	창업단계	62	3.33	0.91	5.050**
	상업화단계	83	2.81	0.89	
	성장단계	32	3.14	0.90	
	성숙단계	89	2.87	0.88	

+ p<.10, * p<.05, ** p<.01

2) 외부환경요인과 벤처-대기업 협력유형 간의 관계

외부환경요인과 벤처기업의 대기업에 대한 협력유형 간의 관계 (가설 1-2)를 검정하기 위해서 ANOVA분석을 실시하였다. <표 V-12>의 분석결과 소비자 및 경쟁자 환경의 복잡성을 나타내는 전방환경복잡성이 유의미한 차이가 있는 것으로 나타났다. 전방환경복잡성의 경우 .01의 유의수준에서 유의미한 차이를 보이고 있다. 전방환경복잡성은 스핀아웃 및 인수합병유형 > 아웃소싱 > 전략적 제휴의 순으로 높게 나타났다. 즉 전방환경복잡성이 높아질수록 대기업과의 구조자율성이 높아지는 협력유형을 취하고 있음을 보여주고 있다.

〈표 Ⅴ-12〉 외부환경요인과 벤처-대기업 협력유형의 분석결과

외부환경요인	성장단계	업체수	평균	표준편차	F값
전방환경복잡성	전략적 제휴	130	3.47	0.84	6.410**
	아웃소싱	91	3.69	0.87	
	스핀아웃/인수합병	45	3.98	0.78	
후방환경복잡성	전략적 제휴	130	3.13	0.79	0.271
	아웃소싱	91	3.20	0.89	
	스핀아웃/인수합병	45	3.10	0.77	
제품동태성	전략적 제휴	130	3.49	0.81	2.193
	아웃소싱	91	3.43	0.91	
	스핀아웃/인수합병	45	3.76	1.03	
집단동태성	전략적 제휴	130	3.20	0.73	0.567
	아웃소싱	91	3.32	0.82	
	스핀아웃/인수합병	45	3.24	0.88	
소비자 동태성	전략적 제휴	130	3.05	0.91	1.673
	아웃소싱	91	2.99	0.85	
	스핀아웃/인수합병	45	2.77	1.03	

+ $p<.10$, * $p<.05$, ** $p<.01$

사후검증(post-hoc test) 결과 .05의 유의수준에서 전략적 제휴-스핀아웃/인수합병 간의 유의한 차이를 보이고 있는 것으로 나타났다.

이를 볼 때, 외부환경요인과 벤처기업의 대기업에 대한 협력유형에 관한 가설 1-2의 채택되었다고 볼 수 있다. 즉 외부환경요인은

벤처기업의 대기업에 대한 협력유형에 영향을 미친다고 볼 수 있다. 특히 소비자 및 경쟁자 복잡성을 나타내는 전방환경복잡성은 벤처기업의 대기업에 대한 협력유형에 매우 유의미한 영향을 미친다고 할 수 있다. 달리 말하면, 소비자 및 경쟁자가 적을수록 벤처기업은 대기업과 구조자율성을 높은 전략적 제휴유형을 취하게 된다는 것을 알 수 있다.

(2) 내부환경요인과 벤처기업 성장단계 및 벤처-대기업 협력유형 간 관계

1) 내부환경요인과 벤처기업 성장단계 간의 관계

내부환경요인과 벤처기업 성장단계 간의 관계(가설 2-1)를 검정하기 위해서 ANOVA분석을 실시하였다. <표 Ⅴ-13>과 같이 분석결과 기술풍요성이 .05의 유의수준에서 유의미한 차이가 있는 것으로 나타났다. 기술풍요성은 성숙단계 > 상업화단계 > 성장단계 > 창업단계의 순으로 높게 나타났다. 전반적으로 기술풍요성은 벤처기업이 성장하면서 높아지는 것으로 보인다. 그러나 창업 초기단계에서 어느 정도 안정적인 상업화단계까지 기술풍요성이 증가하다가, 성장단계에서는 다시 하강추세를 보이다가 성숙단계로 접어들면서 기술적인 안정을 완전히 취하는 형태를 보이고 있다. 따라서 내부환경요인과 벤처기업 성장단계의 차이에 관한 (가설 2-1)은 부분적으로 채택되었다고 볼 수 있다.

<표 V-13> 내부환경요인과 벤처기업 성장단계의 분석결과

내부환경요인	성장단계	업체 수	평균	표준편차	F값
기술풍요성	창업단계	61	3.03	0.84	2.811*
	상업화단계	81	3.35	0.81	
	성장단계	31	3.08	0.83	
	성숙단계	87	3.34	0.78	
인적·물적 자원 동태성	창업단계	61	3.38	0.75	1.689
	상업화단계	79	3.27	0.68	
	성장단계	32	3.58	0.62	
	성숙단계	87	3.34	0.62	
제품복잡성	창업단계	60	3.30	1.15	0.743
	상업화단계	81	3.23	1.03	
	성장단계	30	3.27	1.05	
	성숙단계	86	3.06	1.06	
공정복잡성	창업단계	60	3.37	1.06	1.944
	상업화단계	78	3.00	1.15	
	성장단계	31	3.39	1.23	
	성숙단계	83	3.04	1.11	

+ $p < .10$, * $p < .05$, ** $p < .01$

2) 내부환경요인과 벤처-대기업 협력유형 간의 관계

내부환경요인과 대기업 협력유형 간의 관계(가설 2-2)를 검정하기 위해서 ANOVA분석을 실시하였다. <표 V-14>와 같이 분석결과 공정복잡성이 .05의 유의수준에서 유의미한 차이가 있는 것으로 나타났다. 공정복잡성은 스핀아웃 및 인수합병 <아웃소싱> 전략적 제휴의 순으로 높게 나타났다. 이러한 결과를 볼 때 공정의 복잡성은 구조자율성이 낮아질수록 높아진다고 볼 수 있다. 따라서 내부환경요인과 벤처기업 성장단계의 차이에 관한 (가설 2-2)는 부분적으로 채택되었다고 볼 수 있다.

〈표 Ⅴ-14〉 내부환경요인과 대기업 협력유형의 분석결과

내부환경요인	성장단계	업체 수	평균	표준편차	F값
기술풍요성	전략적 제휴	125	3.26	0.85	1.158
	아웃소싱	91	3.17	0.74	
	스핀아웃/인수합병	44	3.39	0.80	
인적·물적 자원 동태성	전략적 제휴	124	3.33	0.74	0.284
	아웃소싱	91	3.40	0.61	
	스핀아웃/인수합병	44	3.34	0.61	
제품복잡성	전략적 제휴	124	3.22	1.06	0.130
	아웃소싱	89	3.16	1.16	
	스핀아웃/인수합병	44	3.14	0.98	
공정복잡성	전략적 제휴	120	3.05	1.10	3.076*
	아웃소싱	88	3.08	1.12	
	스핀아웃/인수합병	44	3.52	1.19	

+ $p < .10$, * $p < .05$, ** $p < .01$

(3) 벤처기업 성장단계와 벤처-대기업 간 협력유형 및 적합성 분석

1) 벤처기업의 대기업과의 거래 특성

벤처기업의 대기업에 대한 협력의 분석에 앞서 벤처기업이 대기업과 관련한 거래특성을 관계형성, 협력관계, 거래연도, 그리고 관계 정도 차원에서 분석하였다. 먼저 대기업과 관계하고자 하는 형성 및 협력관계를 살펴보면, <표 Ⅴ-15>와 같다. 먼저 형성관계의 경우 대기업체 협력회사 협회의 회원(56.1%)이 가장 많은 비중을

차지하였고, 다음으로 대기업체 출자관계, 전직 임직원관계 순으로 나타났다. 협력관계의 경우 기술의 공동개발(29.9%)이 가장 많은 비중을 차지하였고, 재무보증 또는 융자알선과 같은 자금적 지원 (28.7%), 설비대여(12.0%) 등의 순이었다.

한편 대기업과 맺고 있는 기존의 거래 기간의 경우 전체 275개 기업 중 139개(50.5%) 업체가 거래를 맺고 있는 것으로 나타났다. 최저 1년에서 최장 40년까지 고르게 분포되어 있으며, 평균적으로 5.4년 정도로 나타났다(표준편차 5.97). 협조관계의 경우 5점 척도 로 측정하였는데 평균 2.6 표준편차 .82로 상대적으로 협조관계가 미흡한 것으로 나타났다.

〈표 Ⅴ-15〉 대기업과 희망하는 관계형성 및 협력 관계

거래특성	내용	빈도	비율(%)
형성관계	대기업체의 출자관계	64	26.2
	대기업체 경영자와의 친인척관계	3	1.2
	대기업체의 전직 임직원 관계	24	9.8
	대기업체의 그룹회사관계	16	6.6
	대기업체 협력회사 협회의 회원	137	56.1
협력관계	임직원의 파견	10	4.0
	설비의 대여	30	12.0
	자금지원(채무보증)	41	16.3
	자금지원(융자알선)	31	12.4
	공업소유권 등의 제공	6	2.4
	기술의 공동개발	75	29.9
	종업원에 대한 기술연수	5	2.0
	기술정보의 제공	20	8.0
	생산기술, 공정의 관리지도	8	3.2
	경영관리의 강습과 연수	9	3.6
	공정 및 경영관리 진단의 지원	7	2.8
	기타	9	3.6

2) 벤처기업 성장단계와 벤처-대기업협력유형 차이분석

여기에서는 본 연구모델 및 연구가설에 설정한 벤처기업의 성장단계와에 따른 협력유형의 차이에 관하여 분석을 실시하였다(가설 3). 즉 본 연구에서 설정한 벤처기업 성장단계와 벤처기업의 대기업에 대한 협력유형에 대하여 '벤처기업의 성장단계에 따라서 대기업과의 협력유형의 차이가 있을 것이다'라는 가설을 설정하였다. 즉 벤처기업이 성장을 거듭할수록 대기업과의 협력에 있어서 수직적·통제적 협력유형에서 수평적·자율적 협력유형을 취하게 될 것이다.

다음의 <표 V-16>은 본 연구 대상 벤처기업의 성장단계와 대기업과의 협력유형을 나타내고 있다. 벤처기업의 성장단계는 창업단계(54.1%)가 가장 많은 비중을 차지하였으며, 상업화단계, 성장단계, 성숙단계 순으로 나타났다. 보다 구체적으로 창업단계에서는 생존단계(31.0%)가 존재단계(23.1%)보다 많은 비중을 차지하였고, 상업화단계에서는 성공단계(13.1%)가 위기단계(12.3%)보다 많은 비중을 차지하는 것으로 나타났다.

한편 대기업과 협력하고자 하는 제휴유형으로는 대기업의 지분참여가 없이 일시적인 협조관계를 나타내는 기능별 제휴(36.3%)가 가장 많은 비중을 차지하였고, 다음으로 대기업으로부터 인력, 생산, 기술, 연구개발, 제품 등에 대한 협력을 지원받는 아웃소싱 형태가 많은 비중을 차지하였다. 다음으로 합작투자, 스핀아웃(spin out), 인수합병의 순으로 나타났다.

<표 Ⅴ-16> 벤처기업 성장단계와 대기업과의 협력유형

구분	내용	세부내용	빈도	비율(%)
성장단계	창업단계	존재단계	62	23.1
		생존단계	83	31.0
	상업화단계	위기단계	33	12.3
		성공단계	35	13.1
	성장단계	도약단계	42	15.7
	성숙단계	성숙단계	13	4.9
협력유형		기능별 제휴	97	36.3
		합작투자	33	12.4
		아웃소싱	91	34.1
		스핀아웃	24	9.0
		인수합병	22	8.2

　　이러한 벤처기업 성장단계와 대기업 협력유형 간의 관계분석은 교차분석(cross tabulation analysis)을 사용하였다. 먼저 각 성장단계별 제휴유형 5가지를 통한 교차분석 결과 셀(cell) 결손치가 35%를 넘고 유의미한 차이를 보이지 않아서 가장 많은 비중을 차지하고 있는 기능별 제휴와 아웃소싱을 중심으로 유형을 재범주화하여 분석을 하였다. 즉 상대적으로 그 빈도가 낮은 합작투자, 스핀아웃, 인수합병 등을 기타 협력으로 묶어서 3가지 유형으로 분석을 시도하였다.

　　분석결과는 <표 Ⅴ-17>에 나타난 바와 같이 벤처기업 성장단계와 대기업 협력유형 간에는 유의수준 .1에서 상호의존적인 관계가 있음을 보여주고 있다. 이러한 의존관계를 구체적으로 벤처기업 성장단계별로 분석하면 창업단계에는 아웃소싱형태(35.5%)의 협력유형이 가장 많은 비중을 차지하는 것으로 나타났다. 상업화단계에서는 아웃소싱과 합작투자 등의 기타 유형을 묶은 협력형태가 많이 나타났다. 실제 5개의 협력유형의 분석에서는 아웃소싱, 기능별 제휴, 합작투자, 인수합병 등의 순으로 나타났다. 성장 및 성숙단계에서는 기능별 제휴(51.2%)로 가장 많은 비중을 차지하였다. 또한 이러한 벤처기업 성장단계에 따른 협력유형의 차이에 대한 유의성 검정을 위해 χII-검정결과 .1의 유의수준에서 유의미한 차이를 보이고 있다. 따라서 벤처기업 성장단계에 따라서 협력유형의 차이가 있을 것이라는 가설 3은 채택되었다.

〈표 V-17〉 벤처기업 성장단계와 대기업 협력유형 간의 관계

성장단계	제휴유형	전략적 제휴	아웃소싱	인수합병, 스핀아웃	총계
창업단계	빈도	46	50	45	141
	성장단계(%)	32.6	35.5	31.9	100.0
	제휴유형(%)	48.4	55.6	57.7	53.6
	소계(%)	17.5	19.0	17.1	53.6
상업화단계	빈도	20	24	24	68
	성장단계(%)	29.4	35.3	35.3	100.0
	제휴유형(%)	21.1	26.7	30.8	25.9
	소계(%)	7.6	9.1	9.1	25.9
성장단계	빈도	21	13	7	41
	성장단계(%)	51.2	31.7	17.1	100.0
	제휴유형(%)	22.1	14.4	9.0	15.6
	소계(%)	8.0	4.9	2.7	15.6
성숙단계	빈도	8	3	2	13
	성장단계(%)	61.5	23.1	15.4	100.0
	제휴유형(%)	8.4	3.3	2.6	4.9
	소계(%)	3.0	1.1	0.8	4.9
총계	빈도	95	90	78	263
	성장단계(%)	36.1	34.2	29.7	100.0
	제휴유형(%)	100.0	100.0	100.0	100.0
	소계(%)	36.1	34.2	29.7	100.0

* χ^2=10.924 P=.091

한편 협력유형별로 살펴보면, 기능별 제휴 형태는 벤처기업이 성장단계가 높아질수록 많아지는 것을 보여주고 있다. 한편 아웃소싱은 벤처기업의 성장단계가 높아질수록 작아지는 현상을 보이고 있다. 또한 합작투자, 인수합병, 스핀아웃 등의 협력유형도 벤처기업의 성장단계가 높아질수록 작아지는 현상을 보이고 있다. 이를 종합할 때, 가설 3 '벤처기업의 성장단계에 따라서 대기업과의 협력유형의 차이가 있을 것'이라는 가설이 채택되었다. 즉 벤처기업이 성장할수록 구조자율성이 높은 기능별 제휴 중심의 전략적 제휴형태는 증가하고 구조자율성이 낮은 아웃소싱, 스핀아웃, 인수합병 형태의 협력유형이 높아진다.

3) 벤처기업 성장단계와 대기업과의 협력유형 간의 적합성에 따른 협력성과

여기에서는 가설 4의 '벤처기업 성장단계와 협력유형의 구조적 자율성의 적합성에 따라서 협력성과의 차이가 있을 것이다.'라는 벤처기업 성장단계와 구조적 자율성에 따른 협력유형에 대한 적합성 가설을 검정하고자 한다.

이러한 적합성 가설검정에 앞서 벤처기업 성장과 대기업 협력유형에 따른 협력성과의 관계분석은 2단계를 걸쳐 실시하였다. 먼저 벤처기업 성장과 앞서 분석한 벤처기업 성장이 협력성과에 미치는 영향을 분석하기 위해서 회귀분석을 실시하였다. 다음으로 벤처기업 성장단계와 구조자율성을 기준으로 성장단계(초기단계-성장단계)와 협력유형(구조자율성 저-구조자율성 고)을 재분류하였다. 재분류한 성장단계와 협력유형을 각각 t-검정을 통해서 협력성과의 차이 여부를 검정하였다. 다음으로 다변량분산분석(MANOVA)을 통하여 성장단계와 협력유형의 적합성에 따라서 협력성과의 차이 여부를 분석하였다. 먼저 계량적 성과, 유연성, 원가, 그리고 품질 등의 성과변수를 종속변수, 벤처기업 성장단계를 독립변수를 하여 회귀분석을 실시하였다. 회귀분석결과는 <표 Ⅴ-18>에 나타난 바와 같다. 회귀분석 결과를 살펴보면, 각 협력 성과변수의 회귀모형에 대한 설명력은 R^2가 81.1%, 79.4%, 80.1%, 그리고 79.4%로 상당히 높게 나타났으며, 유의수준 .01에서 모두 유의한 것으로 나타났다. 구체적으로 회귀분석결과를 보면, 벤처기업의 성장에 따라서 단계는 협력성과에 유의미한 영향을 미치는 것으로 나타났다. 즉 벤처기업이 성장함에 따라서 성장률, 수익률, 점유율 등과 같은 벤처기업 전반의 계량적 성과, 유연성, 원가, 품질 등의 질적인 성과 모두가 높아지는 것으로 나타났다.

〈표 Ⅴ-18〉 벤처기업 성장과 협력성과에 관한 회귀분석 결과

종속변수 독립변수	계량적 성과		유연성		원가		품질	
	β값	t값	β값	t값	β값	t값	β값	t값
성장단계	0.901	33.898**	0.891	31.740**	0.895	32.373**	0.891	31.836**
모형의 설명력	R^2=.811 F=1149.090**		R^2=.794 F=1007.412**		R^2=.801 F=1048.023**		R^2=.794 F=1013.518**	

+ p<.10, * p<.05, ** p<.01

벤처기업 성장단계를 앞서 연구가설에서 논의한 바와 같이 성장단계의 저-고, 즉 창업 초기(창업/상업화단계)와 도약기(성장/성숙단계)로 분류하고, 협력유형을 구조자율성 정도에 따라 자율성 높은 정도(전략적 제휴: 기능별 제휴, 합작투자)와 낮은 정도(아웃소싱/스핀아웃/인수합병)로 분류하였다. 2차원으로 분류한 벤처기업의 성장단계 및 협력유형에 대하여 각각 t-검정을 통해 협력성과의

차이검정을 실시하였다. t - 검정 결과 <표 Ⅴ-18>에 나타난 바와 같이 성장단계의 높고 낮음에 따라서 협력성과의 유의한 차이가 없는 것으로 나타났다. 한편 협력유형의 구조자율성의 높고 낮음에 따라서는 유연성에 있어서 .05의 유의수준에서 유의미한 차이가 있는 것으로 나타났다. 즉 구조자율성이 높은 협력유형이 구조자율성이 낮은 협력유형보다 유연성이 높은 것으로 나타났다. 이를 볼 때, 협력유형에 따른 구조자율성은 유연성에 유의미한 영향을 미친다는 것을 알 수 있다.

〈표 Ⅴ-19〉 벤처기업 성장단계와 협력유형의 협력성과에 대한 t-test 분석결과

성장단계		평균	표준편차	t값
계량적 성과	성장 저	3.91	0.78	-0.010
	성장 고	3.91	0.70	
유연성	성장 저	3.67	0.68	0.351
	성장 고	3.63	0.73	
원가	성장 저	3.47	0.57	-0.096
	성장 고	3.48	0.64	
품질	성장 저	3.83	0.63	0.489
	성장 고	3.78	0.59	
계량적 성과	자율 고	3.94	0.74	0.236
	자율 저	3.92	0.73	
유연성	자율 고	3.76	0.72	2.041*
	자율 저	3.58	0.68	
원가	자율 고	3.53	0.66	1.173
	자율 저	3.44	0.62	
품질	자율 고	3.83	0.65	0.510
	자율 저	3.78	0.72	

+ $p<.10$, * $p<.05$, ** $p<.01$

<표 V-20> 적합성과 협력성과에 대한 F 검정통계량

성장단계 * 협력유형 다변량 유의성	검정통계량	F값	자유도	오차자유도
Pillai's Trace	1.038	17.605**	16	804.000
Wilks' Lambda	0.017	105.070**	16	605.538
Hotelling's Trace	53.789	660.595**	16	786.000
Roy's Largest Root	53.731	2699.991**	4	201.000

<표 V-21> 성장단계와 협력유형의 적합성에 따른 협력성과에 대한 분석결과

종속변수	성장단계	협력유형	공변량 추정 값		F값	R2
			평균	표준편차		
계량적 성과	성장 저	자율 고	3.82	0.83	1326.974**	0.964
		자율 저	3.97	0.77		
	성장 고	자율 고	4.01	0.67		
		자율 저	3.81	0.73		
유연성	성장 저	자율 고	3.75	0.65	1421.878**	0.966
		자율 저	3.61	0.70		
	성장 고	자율 고	3.77	0.79		
		자율 저	3.51	0.66		
원가	성장 저	자율 고	3.50	0.57	1772.576**	0.972
		자율 저	3.48	0.58		
	성장 고	자율 고	3.58	0.71		
		자율 저	3.40	0.56		
품질	성장 저	자율 고	3.88	0.58	1927.845**	0.975
		자율 저	3.81	0.67		
	성장 고	자율 고	3.74	0.58		
		자율 저	3.80	0.61		

+ p<.10, * p<.05, ** p<.01

성장단계와 협력유형의 적합성에 따른 협력성과의 차이를 분석하기 위해서 성장단계*협력유형 2*2 매트릭스에 대한 상호작용효과를 검증하였다.[45] 벤처기업 성장단계와 협력유형에 대한 적합성 검정은 Ⅱ-Way ANOVA(MANOVA) 분석을 실시하였다. 다변량 유의성 검정을 수행한 결과 <표 Ⅴ-20>에 나타난 바와 같이 Pillai's, Wilks, Roy's의 F 통계량은 모두 유의수준 .05에서 모두 유의한 것으로 나타났다. 따라서 벤처기업 성장단계와 협력유형의 적합성에 따라서 유의미한 협력성과의 차이가 있다고 볼 수 있다(가설 4의 채택).

벤처기업 성장단계와 협력유형의 적합성에 따른 협력성과 내용을 도식화하면, <그림 Ⅴ-1>에 같다. 먼저, 매출액, 점유율, 수익성 등을 나타내는 계량적 성과는 적합성이 높은 기업이 적합성이 낮은 기업보다 높게 나타났다. 구체적으로 살펴보면, 성장단계가 높고 구조자율성이 높은, 즉 성장 및 성숙단계의 벤처기업이 기능별 제휴 또는 합작투자 등의 협력유형을 취하는 경우가 가장 높은 계량적 성과를 보이고 있다. 다음으로 창업단계 및 상업화단계 등 창업 초기단계의 벤처기업이 아웃소싱, 스핀아웃, 인수합병 등의 구조자율성이 낮은 협력유형을 취하는 경우가 높은 계량적 성과를 보이는 것으로 나타났다. 한편 성장단계가 높은 벤처기업이 구조자율성이 낮은 협력유형을 취하는 경우 가장 낮은 계량적 성과를 보이고 있다. 이를 볼 때, 계량적 성과는 벤처기업의 성장단계와 협력유형의 적합성에 따라서 차이가 있다고 볼 수 있다. 따라서 벤처기업의 성장단계와 협력유형의 적합성이 높을수록 계량적 성과가 높다고 할 수 있다.

---

45) 이에 앞서 벤처성장단계와 협력유형의 적합성 따라서 협력성과의 관계를 분석하기 위해서 먼저 종속변수 간의 상관관계분석을 실시한 결과 유의한 상관관계를 보이고 있어 MANOVA 검정이 필요하다(노형진, 2001).

	성장(L)-자율(L)	성장(H)-자율(H)	성장(L)-자율(H)	성장(H)-자율(L)
		적합성(H)		적합성(L)
◆ 계량적 성과	3.97	4.01	3.82	3.81
■ 유연성	3.61	3.77	3.75	3.51
원가	3.48	3.58	3.50	3.40
품질	3.81	3.74	3.88	3.80

유연성은 앞서 t-검정에 나타난 바와 같이 구조자율성에 영향을 많이 받는 것으로 나타났다. 벤처기업 성장단계와 협력유형의 적합성이 높은 경우가 적합성이 낮은 경우보다는 높게 나타났으나, 구조자율성이 높은 경우가 낮은 경우보다 높은 유연성을 보이고 있다. 즉 성장단계-저(Low)*구조자율성-저(Low)에 해당하는 높은 적합성의 경우 성장단계-저(Low)*구조자율성-고(High)의 낮은 적합성의 경우보다 유연성이 낮은 것으로 나타났다. 유연성은 성장단계-고(H)*구조자율성-고(H) > 성장단계-저(L)*구조자율성-고(H) > 성장단계-저(L)*구조자율성-저(L) > 성장단계-고(H)*구조자율성-저(L)의 순으로 나타났다. 이러한 결과는 구조자율성이 동등한 경우 적합성이 높은 경우에 유연성이 보다 높게 나타나고 있어, 성장단계와 협력유형의 적합성에 따라서 유연성의 차이가 있다고 볼

수 있다. 따라서 벤처기업의 성장단계와 협력유형의 적합성이 높을
수록 유연성 높다고 할 수 있다.

원가절감의 경우 유연성과 유사한 결과를 보여주고 있다. 즉 성장
단계가 동일한 경우 구조자율성이 높을수록 높은 원가절감효과가
있음을 보여주고 있다. 동일한 성장단계에 있어서 구조자율성이 높
은 적합성이 높은 경우에 원가절감이 보다 높게 나타나고 있어, 성
장단계와 협력유형의 적합성에 따라서 원가절감의 차이가 있다고
볼 수 있다. 따라서 벤처기업의 성장단계와 협력유형의 적합성이 높
을수록 유연성 높다고 할 수 있다. 한편 원가절감은 성장단계 – 고
(H)*구조자율성 – 고(H) > 성장단계 – 저(L)*구조자율성 – 고(H) > 성장
단계 – 저(L)*구조자율성 – 저(L) > 성장단계 – 고(H)*구조자율성 – 저
(L)의 순으로 나타났다.

품질향상의 경우 다른 협력성과는 정반대의 적합성을 보이고 있
다. 즉 성장단계가 낮은 경우(L) 높은 구조자율성(H)의 조합이 가
장 높은 품질향상을 가져오는 것으로 나타났다. 다음으로 성장단계
– 저(L)*구조자율성 – 저(L) > 성장단계 – 고(H)*구조자율성 – 저(L) >
성장단계 – 고(H)*구조자율성 – 고(H)의 순으로 품질향상이 높아지는
것으로 나타났다. 이러한 결과를 볼 때, 벤처기업의 특성상 성장단
계가 낮은 경우 핵심기술 및 제품 품질에 주력하게 되고, 대기업으
로부터 구조적 통제로부터 상대적으로 독립성이 높은 경우가 가장
높은 품질향상을 가져온다고 볼 수 있다. 한편 벤처기업이 어느 정
도 안정되는 성장기에 대기업으로부터 구조적 자율성이 높은 경우
품질이 가장 낮아지는 것을 알 수 있다.

이상의 협력성과별로 적합성을 종합하면, 다음 <표 Ⅴ–22>와 <그
림 Ⅴ–2>로 정리할 수 있다.

〈표 Ⅴ-22〉 협력성과와 적합성 결과 요약

협력성과	적합성	비고
계량적 성과	성장(H)*자율(H) > 성장(L)*자율(L) > 성장(L)*자율(H) > 성장(H)*자율(L)	성장↔자율(+)
유연성	성장(H)*자율(H) > 성장(L)*자율(H) > 성장(L)*자율(L) > 성장(H)*자율(L)	자율↔성장(+)
원가	성장(H)*자율(H) > 성장(L)*자율(H) > 성장(L)*자율(L) > 성장(H)*자율(L)	자율↔성장(+)
품질	성장(L)*자율(H) > 성장(L)*자율(L) > 성장(H)*자율(L) > 성장(H)*자율(H)	성장↔자율(-)

〈그림 Ⅴ-2〉 협력성과와 적합성 결과 요약

<성장단계*구조자율성의 적합성에 따른 협력성과>

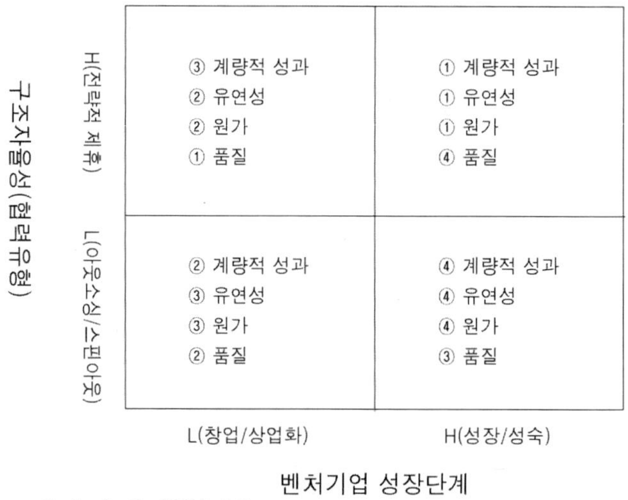

구조자율성(협력유형)

H(전략적 제휴)

③ 계량적 성과
② 유연성
② 원가
① 품질

① 계량적 성과
① 유연성
① 원가
④ 품질

L(아웃소싱/스핀아웃)

② 계량적 성과
③ 유연성
③ 원가
② 품질

④ 계량적 성과
④ 유연성
④ 원가
③ 품질

L(창업/상업화)   H(성장/성숙)

벤처기업 성장단계

①, ②, ③, ④ : 적합성 순위

(4) 전체 적합관계 분석: 벤처기업 특성과 대기업 특성의 조절효과 분석

1) 벤처기업 특성의 조절효과

여기에서는 창업자 특성, 핵심역량 및 경쟁우위 등의 벤처기업 특성이 벤처기업의 성장단계와 협력유형의 적합성과 협력성과 간에 미치는 영향을 분석하고자 한다. 이를 위해서 먼저 벤처기업특성이 협력성과에 미치는 영향에 관하여 회귀분석을 통해 분석하였다. 다음으로 3 - Way ANOVA(MANOVA)를 통해 벤처기업 성장단계*협력유형과 협력성과 간에 벤처기업특성이 미치는 효과를 분석하였다.

〈표 Ⅴ-23〉 벤처기업특성과 협력성과에 관한 회귀분석 결과

종속변수 독립변수	계량적 성과		유연성		원가		품질	
	β값	t값	β값	t값	β값	t값	β값	t값
관리적 능력	0.037	0.445	0.066	0.777	0.152	1.713+	0.165	1.905+
기술적능력	−0.008	−0.098	0.119	1.524	0.046	0.571	0.059	0.746
기업가정신	0.260	3.163**	0.221	2.576*	0.022	0.250	0.109	1.259
기술공정역량	0.116	1.573	0.057	0.753	0.092	1.171	0.170	2.234*
기술우위	0.084	1.125	0.014	0.185	0.049	0.622	−0.042	−0.539
조직역량	0.064	0.942	−0.015	−0.223	0.002	0.033	−0.037	−0.523
모형설명력	R^2=.175 F=8.562**		R^2=.145 F=6.824**		R^2=.077 F=3.329**		R^2=.122 F=5.594**	

+ $p<.10$, * $p<.05$, ** $p<.01$

먼저 벤처기업의 특성과 협력성과에 대한 회귀분석 결과는 <표 Ⅴ-23>과 같다. 회귀분석결과를 살펴보면, 계량적 성과의 경우 기

업가 정신이 .01의 유의수준에서 유의한 영향을 미치는 것으로 나타났다. 유연성은 .05의 유의수준에서 기업가 정신이 유의한 영향을 미치는 것으로 나타났다. 원가절감의 경우 .1의 유의수준에서 관리적 능력이 유의한 영향을 미치는 것으로 나타났다. 품질향상의 경우 .1의 유의수준에서 관리적 능력과 .05의 유의수준에서 기술공정역량이 유의한 영향을 미치는 것으로 나타났다.

〈표 Ⅴ-24〉 벤처기업특성의 상호작용효과에 대한 F 검정통계량

효과	성장단계*협력유형 다변량 유의성	검정통계량	F값	자유도	오차 자유도
관리적 능력	Pillai's Trace	0.040	2.466*	4	239
	Wilks' Lambda	0.960	2.466*	4	239
	Hotelling's Trace	0.041	2.466*	4	239
	Roy's Largest Root	0.041	2.466*	4	239
기술적 능력	Pillai's Trace	0.017	1.030	4	239
	Wilks' Lambda	0.983	1.030	4	239
	Hotelling's Trace	0.017	1.030	4	239
	Roy's Largest Root	0.017	1.030	4	239
기업가 정신	Pillai's Trace	0.090	5.887**	4	239
	Wilks' Lambda	0.910	5.887**	4	239
	Hotelling's Trace	0.099	5.887**	4	239
	Roy's Largest Root	0.099	5.887**	4	239
기술· 공정역량	Pillai's Trace	0.040	2.477*	4	239
	Wilks' Lambda	0.960	2.477*	4	239
	Hotelling's Trace	0.041	2.477*	4	239
	Roy's Largest Root	0.041	2.477*	4	239
기술우위	Pillai's Trace	0.023	1.408	4	239
	Wilks' Lambda	0.977	1.408	4	239
	Hotelling's Trace	0.024	1.408	4	239
	Roy's Largest Root	0.024	1.408	4	239
조직역량	Pillai's Trace	0.032	1.991+	4	239
	Wilks' Lambda	0.968	1.991+	4	239
	Hotelling's Trace	0.033	1.991+	4	239

+ p<.10, * p<.05, ** p<.01

다음으로 이러한 벤처기업특성이 벤처기업 성장단계*협력유형 간의 적합성과 협력성과에 어떠한 효과를 지니는가를 알아보기 위해서 3 – Way ANOVA를 실시하였다. 다변량 유의성 검정을 수행한 결과 <표 Ⅴ –24>에 나타난 바와 같이 Pillai's, Wilks, Roy's의 F 통계량은 관리적 능력, 기업가 정신, 기술공정역량, 조직역량이 .1의 유의수준에서 볼 때 유의한 것으로 나타났다. 따라서 벤처기업 성장단계와 벤처 – 대기업 협력유형의 적합성과 협력성과 간에 벤처기업 특성이 영향을 미친다고 볼 수 있다(가설 5 채택).

〈표 Ⅴ –25〉 성장단계 – 협력유형의 적합성과 협력성과 간의
벤처기업특성 영향분석결과

협력성과	성장단계	협력유형	공변량 추정 값		F값	R²
			평균	표준편차		
계량적 성과	성장 저	자율 고	3.83	0.84	206.202**	0.967
		자율 저	3.94	0.77		
	성장 고	자율 고	4.01	0.69		
		자율 저	3.89	0.73		
유연성	성장 저	자율 고	3.77	0.66	225.034**	0.970
		자율 저	3.61	0.69		
	성장 고	자율 고	3.75	0.79		
		자율 저	3.51	0.69		
원가	성장 저	자율 고	3.51	0.58	222.889**	0.970
		자율 저	3.46	0.59		
	성장 고	자율 고	3.61	0.70		
		자율 저	3.40	0.58		
품질	성장 저	자율 고	3.90	0.58	244.826**	0.972
		자율 저	3.79	0.68		
	성장 고	자율 고	3.73	0.59		
		자율 저	3.83	0.62		

상호작용효과	협력성과	Type Ⅲ Sum of Squares	df	Mean Square	F값
성장 * 협력 * 관리적 능력	계량적 성과	0.847	4	0.212	0.357
	유연성	2.326	4	0.581	1.219
	원가	2.480	4	0.620	1.428
	품질	2.178	4	0.544	1.149
성장 * 협력 * 기술적 능력	계량적 성과	0.956	4	0.239	0.403
	유연성	4.536	4	1.134	2.377+
	원가	1.561	4	0.390	0.898
	품질	0.190	4	0.047	0.100
성장 * 협력 * 기업가 정신	계량적 성과	11.385	4	2.846	4.803**
	유연성	8.981	4	2.245	4.706**
	원가	3.488	4	0.872	2.008+
	품질	5.719	4	1.430	3.018*
성장 * 협력 * 기술공정역량	계량적 성과	2.948	4	0.737	1.244
	유연성	1.072	4	0.268	0.562
	원가	3.243	4	0.811	1.867
	품질	4.267	4	1.067	2.252+
성장 * 협력 * 기술우위	계량적 성과	4.826	4	1.206	2.036+
	유연성	3.633	4	0.908	1.904
	원가	2.630	4	0.658	1.514
	품질	4.753	4	1.188	2.508*
성장 * 협력 * 조직역량	계량적 성과	3.772	4	0.943	1.591
	유연성	1.001	4	0.250	0.525
	원가	2.650	4	0.662	1.525
	품질	3.738	4	0.934	1.972

+ $p < .10$, * $p < .05$, ** $p < .01$

2) 대기업 특성의 조절효과

다음으로 신뢰, 명성, 의사교환, 관계편익, 기업윤리 등의 대기업의 특성이 벤처기업의 성장단계와 협력유형의 적합성과 협력성과 간에 미치는 영향을 분석하고자 한다. 이를 위해서 먼저 대기업특성이 협력성과에 미치는 영향에 관하여 회귀분석을 통해 분석하였다. 다음으로 3-Way ANOVA(MANOVA)를 통해 벤처기업 성장단계*협력유형과 협력성과 간에 대기업특성이 미치는 효과를 분석하였다.

먼저 대기업의 특성과 협력성과에 대한 회귀분석 결과는 <표 Ⅴ-26>과 같다. 회귀분석결과를 살펴보면, 계량적 성과의 경우 명성, 관계편익, 제재윤리가 .05의 유의수준에서 유의한 영향을 미치는 것으로 나타났다. 유연성은 .05의 유의수준에서 관계편익, 타협윤리, 제재윤리가 유의한 영향을 미치는 것으로 나타났다. 원가절감의 경우 .1의 유의수준에서 관계편익과 제재윤리가 유의한 영향을 미치는 것으로 나타났다. 품질향상의 경우 .01의 유의수준에서 관계편익이 유의한 영향을 미치는 것으로 나타났다. 협력성과에는 관계편익이 전반적으로 .01의 유의수준에서 유의한 영향을 미치는 것을 보여주고 있다.

⟨표 Ⅴ-26⟩ 대기업특성과 협력성과에 관한 회귀분석 결과

종속변수 독립변수	계량적 성과		유연성		원가		품질	
	β값	t값	β값	t값	β값	t값	β값	t값
신뢰	−0.037	−0.508	0.093	1.271	−0.069	−0.883	0.022	0.283
명성	0.280	3.901**	0.084	1.143	0.048	0.617	0.059	0.764
의사교환	−0.044	−0.657	−0.069	−1.013	0.071	0.973	0.019	0.261
관계편익	0.267	4.051**	0.305	4.558**	0.236	3.305**	0.288	4.081**
타협윤리	0.053	0.867	0.155	2.464*	0.056	0.842	0.099	1.489
제재윤리	0.129	2.087*	0.188	2.989**	0.116	1.732+	0.035	0.525
모형 설명력	R^2=.232 F=13.153**		R^2=.213 F=11.565**		R^2=.107 F=5.124**		R^2=.120 F=5.859**	

+ p<.10, * p<.05, ** p<.01

<표 Ⅴ-27> 대기업특성의 상호작용효과에 대한 F 검정통계량

효과	성장단계*협력유형 다변량 유의성	검정통계량	F값	자유도	오차자유도
신뢰	Pillai's Trace	0.235	2.791**	16	716.000
	Wilks' Lambda	0.775	2.922**	16	538.327
	Hotelling's Trace	0.277	3.017**	16	698.000
	Roy's Largest Root	0.222	9.956**	4	179.000
명성	Pillai's Trace	0.206	2.430**	16	716.000
	Wilks' Lambda	0.806	2.454**	16	538.327
	Hotelling's Trace	0.225	2.451**	16	698.000
	Roy's Largest Root	0.105	4.689**	4	179.000
의사교환	Pillai's Trace	0.065	0.737	16	716.000
	Wilks' Lambda	0.936	0.731	16	538.327
	Hotelling's Trace	0.067	0.726	16	698.000
	Roy's Largest Root	0.038	1.706	4	179.000
관계편익	Pillai's Trace	0.286	3.452**	16	716.000
	Wilks' Lambda	0.732	3.616**	16	538.327
	Hotelling's Trace	0.341	3.718**	16	698.000
	Roy's Largest Root	0.245	10.951**	4	179.000
타협윤리	Pillai's Trace	0.322	3.918**	16	716.000
	Wilks' Lambda	0.683	4.469**	16	538.327
	Hotelling's Trace	0.456	4.975**	16	698.000
	Roy's Largest Root	0.439	19.646**	4	179.000
제재윤리	Pillai's Trace	0.220	2.599**	16	716.000
	Wilks' Lambda	0.791	2.689**	16	538.327
	Hotelling's Trace	0.252	2.748**	16	698.000

+ $p < .10$, * $p < .05$, ** $p < .01$

다음으로 이러한 대기업특성이 벤처기업 성장단계*협력유형 간의 적합성과 협력성과에 어떠한 효과를 지니는가를 알아보기 위해서 3－Way ANOVA를 실시하였다. 다변량 유의성 검정을 수행한 결과 <표 Ⅴ－27>에 나타난 바와 같이 Pillai's, Wilks, Roy's의 F 통계량은 의사교환의 제외한 신뢰, 명성, 관계편익, 타협윤리 및 제재윤리 등 기업윤리 등이 .01의 유의수준에서 볼 때 유의한 것으로 나타났다. 따라서 벤처기업 성장단계와 벤처－대기업 협력유형의 적합성과 협력성과 간에 대기업 특성이 영향을 미친다고 볼 수 있다(가설 6의 채택).

〈표 Ⅴ－28〉 성장단계－협력유형의 적합성과 협력성과
간 벤처기업특성 영향 분석결과

협력성과	성장단계	협력유형	공변량 추정 값		F값	R²
			평균	표준편차		
계량적 성과	성장 저	자율 고	3.73	0.10	254.0957	0.971
		자율 저	3.93	0.08		
	성장 고	자율 고	3.86	0.14		
		자율 저	3.89	0.13		
유연성	성장 저	자율 고	3.66	0.09	302.9847	0.976
		자율 저	3.53	0.07		
	성장 고	자율 고	3.78	0.12		
		자율 저	3.54	0.11		
원가	성장 저	자율 고	3.42	0.09	281.2737	0.975
		자율 저	3.40	0.07		
	성장 고	자율 고	3.48	0.12		
		자율 저	3.46	0.11		
품질	성장 저	자율 고	3.81	0.09	289.599	0.974
		자율 저	3.70	0.08		
	성장 고	자율 고	3.65	0.13		
		자율 저	3.88	0.12		

상호작용효과	협력성과	Type Ⅲ Sum of Squares	df	Mean Square	F값
성장 * 협력 * 신뢰	계량적 성과	1.814	4	0.454	0.885
	유연성	11.068	4	2.767	7.308**
	원가	4.585	4	1.146	3.126*
	품질	6.943	4	1.736	4.069**
성장 * 협력 * 명성	계량적 성과	7.595	4	1.899	3.705**
	유연성	4.384	4	1.096	2.895*
	원가	5.699	4	1.425	3.886**
	품질	4.319	4	1.080	2.531*
성장 * 협력 * 의사교환	계량적 성과	1.021	4	0.255	0.498
	유연성	0.783	4	0.196	0.517
	원가	1.924	4	0.481	1.312
	품질	1.833	4	0.458	1.074
성장 * 협력 * 관계편익	계량적 성과	12.639	4	3.160	6.165**
	유연성	14.898	4	3.724	9.837**
	원가	7.099	4	1.775	4.841**
	품질	9.961	4	2.490	5.837**
성장 * 협력 * 타협윤리	계량적 성과	11.212	4	2.803	5.469**
	유연성	15.395	4	3.849	10.166**
	원가	18.423	4	4.606	12.563**
	품질	24.573	4	6.143	14.400**
성장 * 협력 * 제재윤리	계량적 성과	3.831	4	0.958	1.869
	유연성	10.704	4	2.676	7.068**
	원가	7.538	4	1.885	5.140**
	품질	6.498	4	1.624	3.808**

+ $p<.10$, * $p<.05$, ** $p<.01$

(5) 가설검정 결과의 요약

이상의 실증연구결과를 통해 밝혀진 가설검정 결과를 <표 Ⅴ-29>로 요약하면, 다음과 같다.

〈표 Ⅴ-29〉 연구결과의 요약

가설	채택 여부	검정결과 주요 내용
가설 1: 외부환경요인 　→벤처기업 성장단계 및 협력유형	부분 채택	·벤처기업 성장단계: 집단동태성, 소비자 동태성 ·대기업 협력유형: 집단동태성, 소비자 동태성
가설 2: 내부환경요인 　→벤처기업 성장단계 및 협력유형	부분 채택	·벤처기업 성장단계: 기술풍요성 ·대기업 협력유형: 공정복잡성
가설 3: 벤처기업 성장단계 　→협력유형	채택	·벤처기업 성장단계 저-구조자율성 저: 아웃소싱 ·벤처기업 성장단계 고-구조자율성 고: 전략적 제휴
가설 4: 성장*협력(적합성) 　→협력성과	채택	·계량적 성과: 성장단계-고*구조자율성 고(성장-저을) ·유연성: 성장단계-고*구조자율성-고(자율) ·원가: 성장단계-고*구조자율성-고(자율) ·품질: 성장단계-저*구조자율성-고(성장)
가설 5: 성장*협력(적합성)↔협력성과 →벤처기업 특성	채택	·계량적 성과: 기업가 정신 ·유연성: 기업가 정신 ·원가: 관리적 능력 ·품질: 관리적 능력, 기술공정역량 ·조절효과: 관리적 능력, 기업가 정신, 기술공정역량, 조직역량
가설 6: 성장*협력(적합성)↔협력성과 →대기업 특성	채택	·계량적 성과: 명성, 관계편익, 제재윤리 ·유연성: 관계편익, 타협윤리, 제재윤리 ·원가: 관계편익, 제재윤리 ·품질: 관계편익 ·조절효과: 신뢰, 명성, 관계편익, 기업윤리

제6장 결 론

제1절 연구결과의 요약

본 연구는 벤처기업을 대상으로 벤처기업의 성장과 벤처기업의 대기업에 대한 협력유형에 관하여 실증연구를 통해 벤처기업의 성장단계와 대기업과의 협력에 미치는 영향요인과 협력성과 간의 관계를 분석하고자 하였다. 또한 벤처기업 성장단계와 대기업 협력의 적합성을 밝혀보고, 이러한 성장－협력 적합성과 협력성과 간의 관계에 벤처기업의 특성과 대기업의 특성이 미치는 영향을 파악하고자 하였다. 실증 연구의 표본은 전국의 테크노파크, 벤처기업, 대학 및 벤처센터, 그리고 산업단지 등의 창업보육센터 등에 입주한 벤처기업 500개 업체를 대상으로 하였다. 최종 분석에 사용된 자료는 275개 업체이다.

실증연구를 통해 밝혀진 구체적인 내용은 다음과 같다.

첫째, 벤처기업의 창업자 특성으로 남성의 비중이 매우 높았으며, 대졸 이상의 30대～40대가 대다수를 차지하였다. 한편 전공별로는 이공계 출신이 가장 많았으며, 경상계열, 인문사회계열 순으로 나타났다.

둘째, 외부환경요인과 벤처기업 성장에 있어서 환경의 동태성이 유의적인 영향을 미치는 것으로 나타났다. 즉 벤처기업의 성장에는 집단동태성, 소비자 동태성 등의 전방시장환경이 유의미한 영향을 미치는 것으로 분석되었다. 집단동태성은 성장단계에, 소비자의 동태성은 창업단계에 가장 높았다. 특히 소비자 환경은 창업단계에 특히 중요한 영향을 미치며, 집단환경은 성장단계에 유의미한 영향을 미친다고 볼 수 있다.

셋째, 외부환경요인과 대기업 협력유형에 있어서 전방환경복잡성이 협력유형에 영향을 미치는 것으로 밝혀졌다. 즉 전방환경복잡성이 높아질수록 대기업과의 구조자율성이 높아지는 협력유형을 취하고 있음을 보여주고 있다. 특히 소비자 및 경쟁자가 적을수록 벤처기업은 대기업과 구조자율성이 높은 전략적 제휴유형을 취하게 된다는 것을 알 수 있다.

넷째, 내부환경요인과 벤처기업 성장에 있어서 기술 풍요성이 유의한 영향을 미치는 것으로 밝혀졌다. 기술풍요성은 성숙단계에 가장 높은 것으로 나타났다. 전반적으로 기술풍요성은 벤처기업이 성장하면서 높아지는 것으로 보인다.

다섯째, 내부환경요인과 대기업 협력유형에 있어서 공정복잡성이 유의한 영향을 미치는 것으로 나타났다. 공정복잡성은 스핀아웃(spin out) 및 인수합병(M&A)이 가장 높게 나타났으며, 구조자율성이 낮아질수록 높아지는 것으로 나타났다.

여섯째, 벤처기업 성장단계의 타당성 분석을 조직업력과 종업원 수를 중심으로 실시한 결과 조직업력을 기준으로 유의미한 결과가 나타났다. 조직업력은 일반기업의 성장과 마찬가지로 대체로 성장이 창업단계에서 성숙단계로 진행되면서 높아지는 것을 발견하였다. 따라서 본 연구에서 사용된 표본벤처기업의 성장단계는 대체로 타당성이 있다고 판단된다.

일곱째, 벤처기업 성장단계와 협력유형의 분석에서는 전반적으로 벤처기업이 성장할수록 구조자율성이 높은 전략적 제휴형태는 증가하고 구조자율성이 낮은 아웃소싱, 스핀아웃, 인수합병 형태의 협력유형이 높아지는 것으로 나타났다.

여덟째, 벤처기업 성장과 대기업 협력유형 간의 적합성에 따른 협력성과의 경우 전반적으로 벤처기업의 성장단계 - 저*구조자율성 - 저, 성장단계 - 저*구조자율성 - 고 형태의 적합성을 발견하였다.

그러나 품질의 경우에는 벤처기업의 특성상 성장단계를 중심으로 적합성을 보이는 것으로 나타났는데, 성장단계가 낮고 구조자율성이 높은 경우 가장 높은 적합성과를 나타내는 것으로 나타났다. 한편 계량적 성과, 유연성, 원가는 성장단계-고*구조자율성-고 조합이 적합성이 가장 높게 나타났으며, 이들 협력성과에는 구조자율성이 미치는 영향이 큰 것을 밝혀냈다.

아홉째, 벤처기업의 특성과 협력성과의 관계에 있어서 매출액, 수익성, 점유율 등의 계량적 성과와 유연성에는 기업가 정신이, 원가절감에는 관리적 능력, 품질향상에는 관리적 능력과 기술공정역량이 유의한 영향을 미치는 것으로 나타났다. 한편, 벤처기업 성장단계 및 협력유형의 적합성과 협력성과 간에 관리적 능력, 기업가정신, 기술공정역량, 집단응집성 등 벤처기업의 특성이 영향을 미치는 것으로 나타났다.

마지막으로 대기업의 특성과 협력성과의 관계에 있어서 계량적 성과에는 명성, 관계편익, 제재윤리가, 유연성에는 관계편익, 타협윤리, 제재윤리가, 원가절감에는 관계편익과 제재윤리, 품질향상에는 관계편익이 유의한 영향을 미치는 것으로 나타났다. 협력성과에는 관계편익이 전반적으로 유의한 영향을 미치는 것을 발견하였다. 한편 대기업 특성의 조절효과의 경우 의사교환의 제외한 신뢰, 명성, 관계편익, 기업윤리 등의 대기업 특성이 유의한 영향을 미치는 것으로 나타났다.

제2절 연구결과의 함의

(1) 학문적 함의

기존의 벤처기업 연구는 주로 벤처기업의 성장단계와 성공요인을 환경적인 측면에서 접근하거나 기술중심의 핵심역량에 기반을 둔 연구가 대부분이었다. 이러한 기존의 벤처기업에 대한 연구들은 글로벌시대의 경쟁력을 논의하는 마당에서 벤처기업의 성장이나 성공을 오로지 벤처기업만을 대상으로 설명하는 데는 많은 한계점을 가졌다는 것을 이미 지적한 바 있다. 왜냐하면 벤처기업들은 경영자원의 부족, 시장환경의 저항성 등 자원의 제약성으로 성장의 장애요인들이 많기 때문에 독자적으로 성공의 가능성은 매우 낮기 때문이다. 그러므로 학문적 관점에서 벤처기업-대기업의 공생적인 협력을 통한 발전을 고려하는 것은 승승전략(win-win strategy)이라고 평가할 수 있기 때문이다. 이에 본 연구의 학문적 함의는 다음과 같다.

첫째, 파트너십 이론(권기대, 1998a)을 근간으로 대기업과의 협력유형이라는 측면에서 이론적 접근과 함께 이를 실증적 연구를 통해 유의성을 밝혀냈다는 데 그 의의가 있다. 따라서 향후의 벤처기업 연구에 있어서 대기업과의 협력을 통한 벤처기업의 성장 및 성공에 관한 새로운 지평선을 열었다는 데 그 의미가 있다고 생각된다.

둘째, 그동안 벤처연구에서 상대적으로 간과하여 왔던 벤처기업의 성장과 대기업 간의 협력에 관한 논리를 벤처기업의 성장단계와 대기업과의 협력전략을 적합성 이론(fit theory)의 관점에서 그 성과를 밝혀냄으로써 적합성 이론을 벤처-대기업 간의 관계연구에 방향성을 제시하고 있다.

셋째, 기존에 많은 연구가 진행되고 있는 파트너십이론, 교환이론, 거래비용이론, 자원의존이론, 기업문화이론 등을 최근에 논의되고 있는 구조결함이론 및 네트워크이론의 개념을 함께 적용함으로써 벤처기업의 성장단계를 구조자율성의 관점에서 벤처성장과 협력유형의 적합성을 협력성과 특성별로 분석함으로써 향후의 벤처 - 대기업 협력연구에 이론적 기반을 제시하였다.

(2) 기업관리적 함의

첫째, 본 연구의 결과는 벤처기업의 창업의 관점에서 시사하는 바가 매우 크다. 기존의 벤처연구에서 창업에 대한 성공요인으로 기술, 아이템, 시장, 창업자 정신 등을 중심으로 논의가 이루어졌다. 그러나 본 연구의 결과는 단순히 이러한 기술이나 아이템만으로 독자적 창업을 통해 벤처창업의 성공이란 대단히 어렵다는 것을 시사하고 있다. 즉 본 연구결과에서 벤처창업을 통해 성공 및 성숙단계 등 성장에 성공한 벤처기업들의 대다수가 어떠한 형태로든 대기업과 협력유형을 취하고 있다는 것을 보여주고 있다. 특히 창업 초기에는 기본적인 기술 및 아이템 이외에도 대기업과의 협력은 벤처기업의 지속적인 생존과 성장에 핵심적인 요인이라는 것을 밝혀냈다. 따라서 기술과 아이디어를 가진 누구나 벤처창업해서 창업가 정신으로 추진하면 성공할 것이라는 기존의 생각이나 논리는 매우 위험한 발상이라고 할 수 있겠다. 이미 벤처거품론이 제기되면서 엔젤, 벤처캐피탈을 통한 기술개발 및 기업운영을 위한 자금조달은 현실적으로 창업 초기에 거의 불가능하다고 볼 수 있다.

벤처창업을 준비하는 경우 또는 창업 초기에는 어떠한 방법이나 아이템으로 대기업과 협력을 취할 수 있을 것인가를 고려하는 것이 중요하다. 상대적으로 구매력이나 자금력, 그리고 안정된 시장으로써 대기업은 벤처기업의 핵심 기술이나 아이템 개발에 중요한 공헌을 한다는 것을 인정해야 한다.

둘째, 벤처기업의 차원에서 대기업 협력추진 전략에 대한 방향성을 제시하였다. 즉 창업 초기에 보안이나 아이디어 유출의 문제, 대기업 내부로의 흡수 등의 우려로 인해 대기업을 배제 또는 회피하기보다는 벤처기업의 유지 및 생존을 위해 상대적으로 대기업의 구조적 간섭이나 통제, 즉 벤처기업 운영에 구조자율성이 낮더라도 협력을 취하는 것이 매우 중요하다는 것을 보여주고 있다.

셋째, 대기업의 차원에서 보면 어떠한 목적이었든 간에 그동안 벤처기업을 양산해 내거나 많은 투자를 해온 것이 현실적이다. 특히 자금투자나 기술개발 차원에서 대기업은 안정된 벤처를 추구하면서 많은 프리미엄을 안아왔다. 즉 이미 대기업의 투자나 협력요구가 약한 성장 및 성숙된 벤처기업에 투자를 주력해 왔다. 그러나 이러한 경우에 상대적으로 풍부한 자금력과 시장에도 불구하고도 실질적인 이익추구나 경영투명성에 대한 통제가 힘들었다. 최근 벤처기업의 도덕적 해이(moral hazard) 현상의 팽배에 대기업의 이러한 행위들도 일조를 했다고 하겠다. 본 연구결과는 대기업이 투자를 비롯한 여러 형태의 벤처기업 협력에 방향성을 제시해 주고 있다. 즉 대기업 중심의 적극적인 협력형태는 창업 초기의 벤처기업을 대상으로 추진하는 것이 하나의 유익한 대안이라는 것을 보여주고 있다. 물론 상대적으로 위험성이 클 수 있겠지만, 벤처의 의미를 되새긴다면 대기업의 입장에서는 적은 투자와 노력으로 큰 성과를 이루어낼 가능성이 높아진다는 것을 보여준다.

넷째, 대기업이 벤처기업과 협력을 추진함에 있어서 단순히 자금의 지원이나 시장 지원부분만으로 우수한 벤처기업과 협력을 이끌어 낼 가능성이 어렵다는 것을 본 연구결과는 보여주고 있다. 즉 대기업 자체의 신뢰, 명성, 윤리, 관계편익 등이 이러한 협력을 이끌어 내는 데 매우 중요하다는 것을 밝혀냈다. 따라서 대기업 내부적으로도 벤처와의 협력을 추진하려는 경우, 이러한 대외적인 이미지 제고에 노력을 기울여야 한다는 것을 시사하고 있다. 일례로 이미 성장 및 성숙단계에 접어들어 안정기에 접어든 벤처기업과의 협력추진 시 구조자율성을 강제하거나, 관계편익 차원에서 대기업 중심으로 접근한다면, 협력을 이끌어 내거나 협력을 통한 성과의 창출의 매우 어려울 것이라는 것을 시사하고 있다.

제3절 연구의 한계와 향후 연구과제

첫째, 본 연구는 벤처기업과 대기업의 협력이라는 쌍방연구 및 횡단면적인 설계(cross sectional design)에서 한쪽 측에 대한 단일정보 제공자(key informant)인 벤처기업을 대상으로 연구를 수행하였다. 따라서 벤처기업 – 대기업 협력에 관한 연구의 실증결과는 벤처기업의 관점에서 대기업과의 협력방안을 모색한 것이라고 평가할 수 있다. 일반적으로 쌍방 간의 협력연구는 협력당사자 양자의 관점을 포괄할 때 그 타당성이 더욱 높아질 것이다. 즉 협력관계를 맺고 있는 벤처기업 – 대기업 양자의 관점을 동시에 고려할 때보다 유의미한 결과를 도출해 낼 수 있다. 그러나 시간직·금진적·공긴적·물리적인 문제 등 여러 가지 이유로 본 연구는 벤처 – 대기업의 협력에 대해 쌍방(dyad) 연구를 수행하지 못하였다. 그러므로 향후의 연구에는 비록 표본이 적더라도 협력이 추진되고 있는 벤처 - 대기업 양자를 대상으로 협력연구를 진행할 필요가 있겠다. 하나의 방안으로 벤처 - 대기업 협력 성공 사례연구도 좋은 시사점을 던져 줄 것으로 생각된다.

둘째, 산업고유의 특성, 즉 벤처업종별 특성을 고려하지 못하였던 한계가 있다. 이러한 벤처기업이 속해 있는 업종특성은 최첨단에서부터 대기업이 진입하기 곤란한 틈새(niche)를 지니고 있는 만큼 벤처기업의 독특한 특성을 담기 위해서 업종특성을 반드시 고려할 필요가 있다. 따라서 향후의 연구에서는 특정 업종에 속한 벤처기업들을 대상으로 대기업과의 협력에 대한 연구를 진행할 필요가 있다.

셋째, 본 연구는 전국적인 단위로 일반적인 벤처기업 - 대기업의 협력모델을 연구하였다는 의의도 존재하지만, 지역에 산재해 있는 벤처기업 - 대기업의 협력연구에 있어서 벤처기업들의 지역별 특성을 고려한 대기업과의 협력모델 개발도 실행되어야 할 것이다. 즉 구체적이고 특수한 환경 속에서의 기업 간 협력방안연구를 통해 지역기업들에게 불확실한 경영환경을 최소화시켜 줄 필요성이 있을 것이다.

넷째, 본 연구는 벤처 - 대기업의 협력유형만을 고려하였다. 그러나 현실적으로 벤처기업 육성과 활성화에 정부 및 대학 등, 즉 관(官)과 학(學)의 역할이 매우 크다고 하겠다. 따라서 본 연구에서 수행한 벤처 - 대기업 협력 등 기업 간 협력과 함께, 대학과 정부기관과의 효과적인 협력모형의 도출이 요청된다.

참고문헌

1. 한국문헌: 서적 및 논문

권기대(1998a), "구매사 - 판매자의 관계적 특징이 파드너십에 미치는 영향에 관한 연구", 연세대학교 박사학위논문.

권기대(1998b), "벤처기업의 신제품구매요인과 그 전략방안", 『연세경영연구』, 제35권 1호(통권 66호), 연세대 경영연구소, pp.157 - 178.

권기대 · 박재림(1999), "마케팅전략과 기업의 핵심역량이 마케팅전략실행에 있어서의 분권화에 미치는 영향", 『경상논총』, 제17권 1호, 한국경상학회, pp.180 - 201.

권기대 · 박재림(1998), "경쟁전략과 전략적 자산이 분권화에 미치는 영향", 『상품학연구』, 제19권, 한국상품학회, pp.23 - 51.

권영철(1994), 『무한경쟁시대의 전략적 제휴』, 김영사.

김기영(1993), 『생산전략』, 웅진미디어, pp.1 - 55.

김기찬(1996), "마케팅 파라다임의 변혁과 관계마케팅", 『마케팅포럼』, Vol.7(가을호), 제일기획, pp.4 - 24.

김기찬(1992), "기업간 관계모형의 개발에 관한 연구: 마케팅전략적 유효성을 중심으로", 박사학위논문, 서울대학교 대학원.

김상겸(1997), "기업간의 전략적 제휴와 시장성과에 관한 연구", 연세대학교 박사학위논문.

김영배 · 하성욱(2000), "우리나라 벤처기업의 성장단계에 대한 실증조

　　　　사: 핵심성공요인, 환경특성, 최고경영자의 역할과 외부자원활
　　　　용”, 『기술혁신연구』, 제8권(1호), pp.125 – 154.

김용학(1995), 『사회구조와 행위』, 나남.

김종규(1999), “인터넷 벤처기업의 아웃소싱전략”, 연세대학교 석사학위논문.

김주일(1999), “중소기업의 핵심역량이 비교우위에 미치는 영향에 관한
　　　　연구: 자동차 부품기업을 중심으로”, 서울대학교 대학원 박사학
　　　　위논문.

나중덕(1994), “모험자본회사의 유형별 투자행태 및 성과분석”, 한국과
　　　　학기술원 박사학위논문.

남영호 · 김완민(1998), “벤처기업의 성장단계별 성공가능성 분석”, 『벤
　　　　처경영연구』, 제1권(1호), pp.36 – 56.

노형진(2001), 『한글 SPSS10.0에 의한 조사방법 및 통계분석』, 형설출
　　　　판사.

네일버프 · 브란덴버거(1996), Co – opetition, 김광전 옮김(1996), 『코피티
　　　　션』(한국경제신문사).

배종훈(1998), “기업간 사회적 연결관계와 전략적 행동에 관한 연구”,
　　　　서울대학교 대학원 석사학위논문.

올기업문화연구원(1991), 『기업문화혁신을 위한 CI전략실무』, 올기업문
　　　　화연구원.

이광형 · 이민화(2000), 『21세기 벤처대국을 향하여』, 김영사.

이인찬 · 이광훈 외(1998), 『벤처기업의 성장단계별 성공요인분석과 정
　　　　책과제』, 정보통신정책연구원.

이재열(1996), 『경제의 사회학』, 나남.

이진주(1986), 『신기술개발과 모험자본의 역할』, 기술관리.

이장우(1997), 『벤처경영』, 매일경제신문사.

이정수(1999), “한국 벤처기업의 시장지향성과 성과에 관한 연구”, 동국
　　　　대학교 대학원 박사학위논문.

이학종(1997), 『한국기업의 문화적 특성과 새 기업문화개발』, 박영사.

산업자원부(2000), “대 · 중소 · 벤처기업 · 연구기관간 선순환구조 구축

을 위한 간담회", 산업정책과, pp.1 - 10.

장세진(1999), 『경영전략』, 박영사.

전인수(1992), "소비재 거래에 있어서 거래비용이론의 적용에 관한 연구", 『경영학연구』, 제22권(제1호), 한국경영학회, pp.173 - 192.

정승화·안준모(1998), "벤처기업 성장과 핵심경영과제 변화에 대한 탐색적 연구", 『벤처경영연구』, 제1권(1호), pp.5 - 34.

조관행(1995), 『현대중소기업론』, 에코노미아.

중소기업진흥공단(1998), 『벤처기업 실태조사보고서』, 조사연구 98 - 10.

한상열(1997), "벤처전략, 산업구조 및 기업가특성이 벤처성과에 미치는 영향", 단국대학교 박사학위논문.

현창혁(1998), "전략적 아웃소싱을 통한 기업경쟁력 강화", 『Prime Business Report』, 제44호, 현대경세연구원.

홍기선(1997), 『커뮤니케이션론』, 나남출판.

2. 구미문헌: 서적 및 논문

Achrol, Ravi S.(1991), "Evolution of the Marketing Organization: New Forms for Turbulent Environments", *Journal of Marketing,* Vol.55 (October), pp.77 - 93.

Achrol, Ravi S., and Louis W. Stern(1988), "Environmental Determinants of Decision Making Uncertainty in Marketing Channels", *Journal of Marketing Research*, Vol.25(February), pp.36 - 50.

Achrol, Ravi S., Torger Reve, and Louis W. Stern(1983), "The Environment of Marketing Channel Dyads: A Framework for Comparative Analysis", *Journal of Marketing*, Vol.47(Fall), pp.55 - 67.

Alderson, Wroc(1957), *Marketing Behavior and Executive Action*, Homewood, IL: Iwrin.

Aldrich, Howard E.(1979), *Organizations and Environments*, Englewood Cliffs, New Jersey: Prentice – Hall, Inc.

Amit, Raphael & Schoemaker, Paul J.H. (1993), "Strategic Assets and Organizational Rent", *Strategic Management Journal*, Vol.14, pp.33 – 46.

Anderson, Erin(1985), "The Salesperson as Outside Agent or Employee: A Transaction Cost Analysis", *Marketing Science*, Vol.4(Summer), pp. 234 – 254.

Anderson, Erin and Barton Weitz(1992), "The Use of Pledges to Build and Sustain Commitment in Distribution Channels", *Journal of Marketing Research*, Vol.29(February), pp.18 – 34.

Anderson, Erin and Barton Weitz(1989), "Determinants of Continuity in Conventional Industrial Channel Dyads", *Marketing Science*, Vol.8(Fall), pp.310 – 323.

Anderson, Erin, Leonard M. Lodish, and Barton A. Weitz(1987), "Resource Allocation Behavior in Conventional Channels", *Journal of Marketing Research*, Vol.29(February), pp.85 – 97.

Anderson, James C. Håkan, Hakånsson, and Jan Johanson(1994), "Dyadic Business Relationship within a Business Network Context", *Journal of Marketing*, Vol.14(October), pp.1 – 15.

Anderson, James C. and James A. Narus(1984), "A Model of the Distributor's Perspective of Distributor – Manufacturer Working Relationships", *Journal of Marketing*, Vol.48(Fall), pp.62 – 74.

Anderson, James C. and James A. Narus(1990), "A Model of Distributor Firm and Manufacturer Firm Working Partnerships", *Journal of Marketing*, Vol.54(January), pp.42 – 58.

Arndt, Johan(1979), "Toward a Concept of Domesticated Markets", *Journal of Marketing*, Vol.43(Fall), pp.69 – 75.

Arndt, Johan(1983), "The Political Economy Paradigm: Foundation for The ory Building in Marketing", *Journal of Marketing*, Vol.47(Fall), pp.

44 – 54.

Bagozzi, Richard P.(1974), "Marketing as an Organized Behavioral System of Exchange", *Journal of Marketing*, Vol.38(October), pp.77 – 81.

Bagozzi, Richard P.(1975), "Marketing as Exchange", *Journal of Marketing*, Vol.39(October), pp.32 – 39.

Bagozzi, Richard P.(1978), "Marketing as Exchange: A Theory of Transactions in the Marketplace", *American Behavioral Scientist*, Vol.21(March/April), pp.535 – 556.

Bagozzi, Richard P.(1979), "Toward a Formal Theory of Marketing Exchanges", in Conceptual and Theoretical Developments in Marketing, O. C. Ferrell, Stephen W. Brown, and Charles W. Lamb, Jr., Eds., Chicago: *American Marketing Association*, pp.431 447.

Barba, Randy(1993), Partner, Strategic Services Practice, Anderson Consulting, "Breaking New Ground in Channel Marketing Strategies", a Presentation at Kellogg School of Management, Northwestern University, October 19.

Barney, Jay B.(1986), "Strategic Factor Markets: Expectations, Luck and Business Strategy", *Management Science*, Vol.32, pp.1231 – 1241.

Barney, Jay. B. (1991). "Firm Resources and Sustained Competitive Advantage", *Journal of Management*, 17, pp.99 – 120.

Barney, Jay B. and William Hesterly(1996), "Organizational Economics: Understanding the Relationship Between Organizations and Economic Analysis", *in Handbook of Organizational Studies*, S. R. Clegg, C. Hardy, and R. Nord, eds. Thousand Oak, CA: Sage Publications, pp.115 – 147.

Begley, Thomas M. & David P. Boyd(1987), "Psychological Characteristics Associated with Performance in Entrepreneurial Firms and Smaller Business", *Journal of Business Venture*, Vol.2, pp.79 – 93.

Beltramini, Richard F. and Dennis A. Pitta(1991), "Underlying Dimensions and Communications Strategies of the Advertising Agency－Client Relationship", International Journal of Advertising, Vol.10(2), pp.151 －159.

Berry, Leonard L.(1983), "Relationship Marketing", pp.25－38 in L. L Berry, G. L. Shostack, and G. D. Upah(eds.), *Emerging Perspectives on Services Marketing*, Chicago: American Marketing Association, pp.25－38.

Berry, Leonard L. and John P. Parasuraman(1991), *Marketing Services, Competing Through Quality,* Lexington, MA: Free Press/Lexington Books.

Bleeke, J. and D. Ernst(1991), "The Way to Win in Cross－Border Alliances", *Harvard Business Review,* pp.127－135.

Bonma, Thomas V. & Bruce H. Clark(1988), *Marketing Performance Assessment*, Boston, MA, Harvard Business Press.

Boyle, Brett, Robert F. Dwyer, Robert A. Robicheaux, and James T. Simp son(1992), "Influence Strategies in Marketing Channels: Measures a nd Use in Different Relationship Structures", *Journal of Marketing Research,* Vol.29(November), pp.462－473.

Bucklin, Louis P. and Sanjit Sengupta(1993), "Organizing Successful Co－ Marketing Alliance", *Journal of Marketing*, Vol.57(April), pp.32－46.

Bunder, S.(1962), "Intolerance of Ambiguity as a Personality Variable", *Journal of Personality,* Vol.30, pp.29－50.

Burt, R.(1982),*Toward a Structural Theory of Action: Network Models of Social Structure, Perception, and Action*, NY: Academic Press.

Burt, R.(1992), *Structural Holes: The Social Structure of Competition*, Cambridge, MA: Harvard Press.

Burt, R., Christman, and H. Kilburn, Jr. (1980), "Testing a Structural Theory of Corporate Cooptation: Interorganizational Directorate Ties as a Strategy for Avoiding Market Constraints on Profit", *American Sociological Review*, Vol.45, 821－841.

Burns, T. and Stalker, G. M.(1961), *The Management of Innovation*, London: Tavistock Publications.

Bush, Ronald F. and Shelby D. Hunt. eds.(1982), *Marketing Theory: Philosophy of Science Perspectives,* Chicago: American Marketing

Buzzell, Robert D., and Gwen Ortmeyer(1994), "Channel Partnerships Streamline Distribution", *Sloan Management Review*(Spring), pp.85 - 96.

Buzzell, Robert D., and Gwen Ortmeyer(1995), "Channel Partnerships: A New Approach to Streamlining Distribution", Cambridge, MA: *Marketing Science Institute*(April), Report. pp.94 - 104.

Caldwell, David F., and Charles A. O'Reilly(1990), "Measuring Person - Job Fit Using a Profile Comparison Process", *Journal of Applied Psychology*, Vol.75, pp.648 - 657.

Chandler, Jr. A. D.(1962), *Strategy and Structure*, Cambridge, Massachusetts: The MIT Press.

Chandler, G. N. & Erik Jansen(1992), "The Founder's Self - Assessed Competence and Venture Performance", *Journal of Business Venturing,* Vol.7, pp.223 - 236.

Chatman, Jennifer A.(1991), "Matching People and Organizations: Selection and Socialization in Public Accounting Firms", *Administrative Science Quarterly*, Vol.36(September), pp.459 - 484.

Chatterjee, S. and B. Wernerfelt(1991). "The Link Between Resource and Type of Diversification: Theory and Evidence", *Strategic Management Journal*, Vol.12, pp.33 - 48.

Child, J.(1974), "Predicting and Understanding Organization Structure", *Administrative Science Quarterly*, Vol.19, pp.168 - 185.

Chiles, Todd H. and John F. McMackin(1996), "Integrating Variable Risk Preferences, Trust, and Transaction Cost Economics", *Academy of Management Review,* Vol.21(January), pp.73 - 99.

Christopher, Martin, Adrian Payne, and David Ballantyne(1991), *Relationship*

Marketing: Bringing Quality, Customer Service, and Marketing Together, Oxford, England: Butterworth−Heinemann.

Churchill, N. C. and Lewis, V. L. (1983), "The Five Stages of Small Business Growth", *Harvard Business Review*, Vol.61(3), pp.30−50.

Coase, Ronald H.(1937), "The Nature of the Firm", *Economia,* Vol.4, pp.386−405.

Coase, Ronald H.(1991), "1991 Nobel Lecture: The Institutional Structure of Production", in *The Nature of the Firm*, O. E. Williamson and S. G. Winter, eds. New York: Oxford University Press, pp.227−235.

Comer, James, R. D. O'Keefe, and Al A. Chilenskas(1980), "Technology Transfer from Government Laboratories to Industrial Markets", *Industrial Marketing Management*, Vol.9(1), pp.63−67.

Cook, Karen., and J. Whitmeyer.(1992), Two Approaches to Social Structure: Exchange Theory and Network Analysis. *Annual Review of Sociology*, Vol.18, pp.109−127.

Cox, Reavis and Wroc Alderson, eds.(1950), *Theory in Marketing*, Homewood, IL: Irwin.

Cox, Reavis and Wroc Alderson, and Stanley Shapiro, eds.(1964), *Theory in Marketing*, Homewood, IL: Irwin.

Cravens, David W.(1995), "Introduction to the Special Issue", *Journal of the Academy of Marketing Science*, Vol.23(4), p.235.

Crosby, Lawrence A., Kenneth R. Evans, and Deborah Cowles(1990), "Relationship Quality in Services Selling: An Interpersonal Influence Perspective", *Journal of Marketing*, Vol.54(July), pp.68−81.

Crosby, Lawrence A. and Nancy Stephens.(1987), "Effects of Relationship Marketing on Satisfaction, Retention, and Prices in the Life Insurance Industry", *Journal of Marketing Research*, Vol.24(November), pp.401−411.

Daft, R. L.(1992), *Organization Theory and Behavior*, 4th, West Publishing co.

Dant, Rajiv P. and Patrick L. Schul(1992), "Conflict Resolution Processes in Contractual Channels of Distribution", *Journal of Marketing,* Vol.56(January), pp.38 − 54.

Day, George S.(1990), *Market Driven Strategy,* New York: The Free Press.

Demsetz, H.(1997), "The Firm in Economic Theory: A Quiet Revolution", *The American Economic Review,* Vol.87(2), pp.426 − 429.

Denison, D. R.(1990), *Corporate Culture and Organizational Effectiveness,* New York: John Wiley & Sons, pp.78 − 80.

Devlin, Geoffrey and Mark Bleakley(1988), "Strategic Alliances − Guideline s for Success", *Long − Range Planning,* Vol.21(5), pp.18 − 23.

Dickson, P. H. and K. M. Weaver(1997), "Environmental Determinants and Individual Level Moderators of Alliance Use", *Academy of Management Journal,* Vol.40(2), pp.404 − 425.

Dimaggio, P. and Powell(1983), "The Iron Cage Revisited: Industrial Isomorphism and Collective Rationality in Organizational Fields", *American Sociological Review,* Vol.48, pp.147 − 160.

Dollinger, M. J. and P. A. Golden(1992), "Interorganizational and Collective Strategies in Small Firms: Environmental Effects and Performance", *Journal of Management,* Vol.18(4), pp.695 − 715.

Dollinger, Marc J., Peggy A. Golden, and Todd Saxton(1997), "The Effect of Reputation on The Decision to Joint Venture", *Strategic Management Journal,* Vol.18(2), pp.127 − 140.

Dow, Greogory K.(1987), "The Function of Authority in Transaction Cost Economics", *Journal of Economic Behavior and Organization,* Vol. 8(March), pp.13 − 38.

Doyle, Stephen X. and George T. Roth(1992), "Selling and Sales Management in Action: The Use of Insight Coaching to Improve Relationship Selling", *Journal of Personal Selling and Sales Management,* Vol.12(Winter), pp.59 − 64.

Drazin, R. V., and Van de Ven. A.,H(1985), "The concept of fit in contingency theory", *Research of Behavior*, Vol.7, pp.333 − 365.

Duncan, Robert B.(1972), "Characteristics of Organizational Environments and Perceived Environmental Uncertainty", *Administrative Science Quarterly*, pp.313 − 327.

Dwyer, R.F, Paul H, Schurr and Sejo Oh(1987), "Developing Buyer − Seller Relationships", *Journal of Marketing*, Vol.51(2), pp.11 − 27.

Dyer, J. H.(1997), "Effective Interfirm Collaboration: How Firms Minimize Transaction Costs and Maximize Transaction Value", *Strategic Management Journal*, Vol.18(7), pp.535 − 556.

Eccles, Robert G.(1985), *The Transfer Pricing Problem: A Theory for Practice.* Lexington, MA: Lexington Books.

Eisenhardt, Kathleen M.(1985), "Control: Organizational and Economic Approaches", *Management Science*, Vol.31(February), pp.134 − 149.

Ellram, Lisa M.(1991), "Supply Chain Management: The Industrial Organization Perspective", *International Journal of Physical Distribution & Logistics Management,* Vol.21(1), pp.13 − 22.

Ellram, L. M. and Cooper, M. C.(1990), "Supply Chain Management, Partnerships, and The Shipper − Third Party Relationship", *International Journal of Logistics Management,* Vol.1(2), pp.1 − 10.

Ellram, Lisa M. and Thomas E. Hendrick(1995), "Partnering Characteristics: A Dyadic Perspective", *Journal of Business Logistics,* Vol.16(1), pp.41 − 64.

Emirbayer, M., and J. Goodwin.(1994), "Network Analysis, Culture, and the Problem of Agency", *American Journal of Sociology*, Vol.99(6), pp.1411 − 1454.

Enis, Ben M.(1973), "Deepening the Concept of Marketing", *Journal of Marketing,* Vol.37(October), pp.57 − 62.

Enz, Cathy A.(1988), "The Role of Value Congruity in Intraorganizational

Power", *Administrative Science Quarterly,* Vol.33(June), pp.284 – 304.

Etgar, Michael(1979), "Sources and Effective Channel Conflict", *Journal of Retailing,* Vol.14(Spring), pp.61 – 78.

Ferrell, O. C., Stephen Brown, and Charles W. Lamb, jr., eds.(1979), *Conceptual and Theoretical Developments in Marketing,* Chicago: American Marketing.

Fichman, M. and D. Levinthal(1991), "Honeymoons and the Liability of A dolescence", *Academy of Management Review,* Vol.16, pp.442 – 468.

Frazier, Gary L. and Raymond Rody(1991), "The Use of Influence Strategies in Interfirm Relationships in Industrial Product Channels", *Journal of Marketing,* Vol.55(January), pp.52 – 69.

Frazier, Gary L., Robert E. Spekman, and Charles R. O'Neal(1988), "Just – In – Time Exchange Relationships in Industrial Markets", *Journal of Marketing,* Vol.52(October), pp.43 – 55.

Frazier, Gary L. and John Summers(1984), "Interfirm Influence Strategies and Their Application Within Distribution Channels", *Journal of Marketing,* Vol. 48(Summer), pp.43 – 55.

Fredrickson. J. W(1984)., "The Comprehensiveness of decision making Processes: Extention, Observation, Future Directions", *Academy of Management Journal,* Vol.27, pp.445 – 466.

Fukuyama, F.(1995), *TRUST: The Social Virtues and the Creation of Prosperity.* NY: The Free Press.

Galbraith.(1977), *Organizational Design, Reading,* Mass: Addison – Wesley.

Ganesan, Sankar(1994), "Determinants of Long – Term Orientation in Buyer – Seller Relationships", *Journal of Marketing,* Vol.58(April), pp.1 – 19.

Gaski, John F.(1984), "The Theory of Power and Conflict in Channels of Distribution", *Journal of Marketing,* Vol.48(Summer), pp.9 – 29.

Gerlach, Michael(1987), "Business Alliances and the Strategy of the Japanese Firm", *California Management Review,* Vol.30(Fall), pp.126 – 142.

Granovetter, M.(1985), "Economic Action and Social Structure: The Problem of Embeddedness", *American Journal of Sociology*, Vol.91(3), pp.481 − 510.

Grenoble Ⅳ, William L.(1994), "Inventory Control", In Robeson, James F. & William C. Copacino *The Logistics Handbook*, New York: The Free Press.

Grönroos, Christian.(1991), "The Marketing Strategy Continuum: A Marketing Concept for the 1990's", *Marketing Decision*, Vol.29(1), pp.7 − 13.

Guiltinan, Joseph, Ismail Rejab, and William Rodgers(1980), "Factors Influencing Coordination in a Franchise Channel", *Journal of Retailing*, Vol.56(Fall), pp.41 − 58.

Gundlach, Gregory T. and Patrick C. Murphy(1993), "Ethical and Legal Foundations of Relational Marketing Exchanges", *Journal of Marketing*, Vol.57(4), pp.36 − 46.

Hamel, G.(1994), "The Concept of Core Competence", in G. Hamel and A. Heene(Eds.), *Competence − based Competition,* Chichester: John Wiley & Sons, pp.149 − 169.

Hayes, R. H and W. J. Abernathy(1980), "Managing Our Way to Economic Decline", *Harvard Business Review*, July − August, pp.67 − 77.

Heide, Jan B. and George John(1990), "Alliances in Industrial Purchasing: The Determinants of Joint Action in Buyer − Supplier Relations", *Journal of Marketing Research,* Vol.27(February), pp.24 − 36.

Heide, Jan B. and George John(1992), "Do Norms Matter in Marketing Relationships?", *Journal of Marketing*, Vol.56(April), pp.32 − 44.

Henderson, James and Richard E. Quandt(1971), *Microeconomic Theory: A Mathematical Approach*, 2nd ed., Englewood Cliffs, NJ: Prentice − Hall.

Hennart, Jean − Francois(1988), "A Transaction Cost Theory of Equity Joint Ventures", *Strategic Management Journal,* Vol.9, pp.361 − 374.

Hennart, Jean − Francois and Erin Anderson(1993), "Countertrade and the Minimization of Transaction Costs: An Empirical Examination", *Journal of Law, Economics, and Organization*, Vol.9(Fall), pp.290 – 313.

Hisrich, R. D.,(1992), "Toward an Organization Model for Entrepreneurial Education, Proceedings", *International Entrepreneurship 1992 Conference*, Dortmund, Germant, June, p.29.

Hisrich, R. D. & M. P. Peters(1992), *Entrepreneurship: Starting, Developing and Managing a New Enterprise*, 2nd, Boston, MA, Irwin.

Hornaday, J. A. and J. Aboud(1971), "Characteristics of Successful Entrepreneurs", *Personal Psychology*, Vol.24, pp.141 – 153.

Houlihan, J. B.(1985), "International Supply Chains Management", *International Journal of Physical Distribution & Materials Management*, Vol.15(1), pp.22 – 38.

Howard, John A.(1957), *Marketing Management: Analysis and Planning*, Ho mewood, IL: Irwin.

Hunt, Shelby D.(1983), "General Theories and the Fundamental Explanda of Marketing", *Journal of Marketing*, Vol.47(Fall), pp.9 – 17.

Hunt, Shelby D., Van R. Wood, and Lawrence B. Chonko(1989), "Corporate Ethical Values and Organizational Commitment in Marketing", *Journal of Marketing*, Vol.53(July), pp.79 – 90.

Iacobucci. Dawn.(1994), "Toward Defining Relationship Marketing", In J. N. Sheth and A. Parvatiyar(eds.), Relationship Marketing: Theory, Mothed, and Applications, *Proceedings of the 1994 Research Conference, Center for Relationship Marketing*, Emory University, Atlanta (June), pp.11 – 13.

Jackson, Barbara Bund(1985), *Winning and Keeping Industrial Customers*, Lexington, KY: Lexington Books.

Johanson, Jan, Lars Hallén, and Nazeem Seyed – Mohamed(1991), "Interfirm Adaptation in Business Relationships", *Journal of Marketing*, Vol.55 (April), pp.29 – 37.

John, George and Barton A. Weitz(1988), "Forward Integration into Distrib ution: An Empirical Test of Transaction Cost Analysis", *Journal of Law, Economics and Organization,* Vol.4(Fall), pp.121 – 139.

Johnston, Russell and Paul R. Lawrence(1988), "Beyond Vertical Integration: The Rise of Value – Adding Partnership", *Harvard Business Review,* Vol.66(July – August), pp.94 – 101.

Jones, T. C. and D. W. Riley(1985), "Using Inventory for Competitive Advantage through Supply Chain Management", *The International Journal of Physical Distribution & Materials Management,* Vol.15(5), pp.16 – 26.

Kato, Y.(1993), "Targeting Costing Support Systems: Lesson from Leading Japanese Companies", *Management Accounting Research,* Vol.4(1), pp.33 – 47.

Katz, D. and Robert L. Kahn(1978), *The Social Psychology of Organizations,* 2nd eds., New York: John Wiley and Sons.

Kaufmann, Patrick J. and Louis W. Stern(1988), "Relational Exchange Norms, Perceptions of Unfairness, and Retained Hostility in Commercial Litigation", *Journal of Conflict Resolution,* Vol.32(September), pp.534 – 552.

Kazanjian, R. K.(1988), "Relation of Dominant Problems to Stages of Growth in Technology Based New Ventures", *Academy of Management Journal,* Vol.31(2), pp.257 – 279.

Kazanjian, R. K., Drazin, R.(1989), "An Empirical Test of a Growth Progression Model", *Management Science,* Vol.35(12), pp.1489 – 1503.

Keith, Janet, Donald Jackson, Jr., and Lawrence Crosby(1990), "Effects of Alternative Types of Influences Strategies Under Different Channel Dependence Structures", *Journal of Marketing,* Vol.54(July), pp.30 – 41.

Kelly, Harold H. and John W. Thibaut(1978), *Interpersonal Relations: A Theory of Interdependence,* New York: John Wiley & Sons, Inc.

Kelman, Herbert C.(1961), "Processes of Opinion Change", *Public Opinion*

Quarterly, Vol.25, pp.57 - 78.

Kim, Kee Young and Dae Ryun Chang(1995), "Global Quality Management: A Research Focus", *Decision Science Journal,* Vol.26(September/October), pp.561 - 568.

Klein, Saul, Gary L. Frazier, and Victor Roth(1990), "A Transaction Cost Analysis Model of Channel Integration in International Markets", *Journal of Marketing Research*, Vol.27(May), pp.196 - 208.

Kotler, Philip(1972), "A Generic Concept of Marketing", *Journal of Marketing,* Vol. 36(April), pp.46 - 54.

Kotler, Philip(1982), *Marketing for Nonprofit Organizations,* 2nd ed., Englewood Cliffs, N J: Prentice - Hall.

Kotler, Philip(1991), *Presentation at the Trustees Meeting of the Marketing Science Institute in November 1990,* Boston.

Kotler, Philip(1997), *Marketing Management,* 9th, Englewood Cliffs, New Jersey: Prentice - Hall, Inc.

Kotler, Philip, and Roberta N. Clarke(1987), *Marketing for Health Care Organizations,* Englewood Cliffs, NJ: Prentice - Hall. Inc.

Kotler, Philip, and Gary Armstrong(1991), *Principles of Marketing,* 5th ed., Englewood Cliffs, NJ: Prentice - Hall. Inc.

Kotler, Philip, and Karen Fox(1995), *Strategic Marketing for Educational Institutions*, 2nd ed., Englewood Cliffs, New Jersey: Prentice - Hall, Inc.

Kotler, Philip and Sidney J. Levy(1969), "Broadening the Concept of Marketing", *Journal of Marketing*, Vol.33(January), pp.10 - 15.

Kurokawa, S.(1997), "Make or Buy Decisions in R&D: Small Technology Based Firms in The United States and Japan", *IEEE Trans.* on Engineering Management, pp.124 - 134.

Lado, Augustine A. & Wilson, Mary C. (1994), "Human Resource Systems and Sustained Competitive Advantage: A Competency - Based Perspective", Academic of Management Review, Vol.19(4), pp.699 - 727.

Lamb, Charles W. and Patrick M. Dunne(1980), *Theoretical Developments in Marketing,* Chicago: American Marketing.

Lawrence, P. N. and Lorsch, J.(1967), *Organizational and Environment, Division of Research,* Harvard University Press, Boston, Mass.

Lee, K.(1995), "Social Networks, Firm Behavior, and Industry Evolution: A Study of Professional Service Firms", *Unpublished Ph. D. Dissertation,* The Wharton School, University of Pennsylvania.

Lenz, R. T.(1981), "Determinants of Organizational Performance: An Interdisciplinary Review", *Strategic Management Journal,* Vol.1, pp.209 – 226.

Lumpkin, G. T. and G. G. Dess(1995), "Simplicity as a Strategy – making Process: The Effects of Stage of Organizational Development and Environment on Performance", *Academy of Management Journal,* Vol.38(5), pp.1386 – 1407.

Macneil Ian R.(1978), "Contracts: Adjustment of Long – Term Economic Relations Under Classical, Neoclassical and Relational Contract Law", *Northwestern University Law Review,* Vol.72, pp.854 – 902.

Macneil, Ian R.(1980), *The New Social Contract, an Inquiry into Modern Contractual Relations,* New Haven, CT: Yale University Press.

Masten, Scott E., James W. Meehan, Jr., and Edward A. Snyder(1989), "Vertical Integration in the U. S. Auto Industry: A Note on the Influence of Transaction Specific Assets", *Journal of Economic Behavior and Organization,* Vol.12(October), pp.265 – 273.

Masten, Scott E., James W. Meehan, Jr., and Edward A. Snyder(1991), "The Cost of Organization", *Journal of Law, Economics and Organization,* Vol.7(Spring), pp.1 – 25.

Mauser, Gary(1982), *Political Marketing,* New York: Pracger.

McClelland, D. C.(1965), "Achievement and Entrepreneurship", *Journal of Personality and Social Psychology,* Vol.1, pp.389 – 392.

McCarthy, E. Jerome(1960), *Basic Marketing: A Managerial Approach*, Homewood, IL: Irwin.

McKenna, Regis(1991), *Relationship Marketing*, MA: Addison − Wesley.

Meyer, M. and L., Zucker(1989), *Permanently Failing Organization*, CA: Sage.

Miller, D. and P. H. Friensen(1982), "Innovation in Conservative and Entre-preneurial Firms: Two Models of Strategic Momentum" *Strategic Management Journal*, No.3, pp.1 − 25.

Miller, D. and J. M. Troulouse(1986), "Chief Executive Personality and Corporate Strategy and Corporate Structure in Small Firm", Management Science, Vol.32, pp.1389 − 1409.

Moe, Terry M.(1991), "Politics and The Theory of Organization", *Journal of Law, Economics, and Organization*, Vol.7(Special Issue), pp.106 − 129.

Mohr, Jakki and John R. Nevin(1990), "Communication Strategies in Mark eting Channels: A Theoretical Perspective", *Journal of Marketing*, Vol.54(October), pp.36 − 51.

Mohr, Jakki and Robert Spekman(1994), "Characteristics of Partnership Success: Partnership Attributes, Communication Behavior, and Conflict Resolution Techniques", *Strategic Management Journal*, Vol.15(2), pp.135 − 152.

Mokwa, Michael P., William M. Dawson, and E. Arthur Prieve(1981), *Marketing and Arts*, New York: Praeger.

Montgomery, David B. and Allan M. Weiss(1991), "Managerial Preferences for Strategic Alliance Attributes", *Research Paper #1134*(August), Graduate School of Business, Stanford University.

Moorman, Christine, Gerald Zaltman, and Rohit Deshpandé(1992), "Rela-tionships Between Providers and Users of Market Research: The Dynamics of Trust Within and Between Organization", Journal of Marketing Research, Vol.29(August), pp.314 − 328.

Morgan, R. & S. Hunt(1994), "The Commitment − Trust Theory of Relationship Marketing", *Journal of Marketing*, Vol.58, pp.20 – 38.

Möller, Kristian and David T. Wilson(1995), *Business Marketing: An Interaction and Network Perspective*, Kluwer Academic Publishers.

Noordewier, Thomas G., George John, and John R. Nevin(1990), "Performance Outcomes of Purchasing Arrangements in Industrial Buyer – Vendor Relationships", *Journal of Marketing,* Vol.54(October), pp.80 – 93.

Ohmae, Kenichi(1989), "The Global Logic of Strategic Alliances", *Harvard Business Review,* (March/April), pp.143 – 154.

Oliver, C.(1988), "The Collective Strategy Framework: An Application to Competing Predictions of Isomorphism", *Administrative Science Quarterly,* Vol.33, pp.543 – 561.

Oliver, Richard L. and Erin Anderson(1987), "Perspectives on Behavior Based Versus Outcome Based Sales Control System", *Journal of Marketing,* Vol.51(October), pp.76 – 88.

O'Neal, Charles R.(1989), "JIT Procurement and Relationship Marketing", *Industrial Marketing Management,* Vol.18(1), pp.55 – 63.

O'Reilly, C. A.(1989), "Corporations, Culture, and Commitment: Motivation and Social Control in Organizations", *California Management Review,* pp.9 – 25.

Ouchi, William G.(1981), *Theory Z, Reading,* Mass: Addison – Wesley Publishing Co.,

Palay, Thomas M.(1984), "Avoiding Regulatory Constraints: Contractual Safeguards and the Role of Informal Agreements", *Journal of Legal Studies,* Vol.13(June), pp.265 – 287.

Parsons, T.(1973), "Culture and Social System Revised", in L. Schneider(Ed.), *The Idea of Culture in Social Science*, London, Cambridge University Press, pp.33 – 46.

Parvatiyar, Atul, Jagdish N. Sheth, and F. Brown Whittington, Jr.(1992), "Paradigm Shift in Interfirm Marketing Relationships: Emerging

Research Issues", *Working Paper*, Emory University.

Pascal, Richard T., and Anthony. G. Athos(1981), *The Art of Japanese Management,* New York: Penguin Books, pp.78 – 84.

Paul, Terry(1988), "Relationship Marketing for Heathcare Providers", *Journal of Heath Care Marketing*, Vol.8(September), pp.20 – 25.

Pennings, J. 1980. *Interlocking Directorates.* San Francisco: Jossey – Bass.

Peters, T. J., and R. H. Waterman, Jr.,(1982), *In Search of Excellence: Lessons from America's Best – Run Companies*, New York: Harper & Row.

Pettigrew, A. M.(1979), "On Studying Organizational Cultures", *Administrative Science Quarterly*, Vol.24, pp.570 – 581.

Pfeffer, J.(1987), "A Resource Dependence Perspective on Intercorporate Relation", in M. Mizruchi, and M. Schwartz(eds.), Intercorporate Relations: The Structural Analysis of Business, Cambridge University Press, pp.25 – 55.

Pfeffer, J., and G. Salancik.(1978), *The External Control of Organizations: A Resource Dependence Perspective*, NY: Harper & Row.

Polanyi, K., C. M. Arensberg, and H. W. Pearson(1957), *Trade and Market in the Early Empires: Economics in History and Theory.* NY: The Free Press.

Porta, R., F. Lopez – De – Silanes, A. Shleifer, and R. Vishny(1997), "Trust in Large Organizations", *The American Economic Review*, Vol.87(2), pp.333 – 338.

Porter, M.(1980), *Competitive Strategy: Techniques for Analyzing Industries and Competitors*, NY: The Free Press.

Porter, Michael E.(1985), *Competitive Advantage:* Techniques for Analyzing Industries and Competitors(New York), The Free Press.

Porter, Michael E.(1987), "From Competitive Advantage to Corporate Strategy", *Harvard Business Review*, Vol.65(May/June), pp.43 – 59.

Powell, W.(1987), "Hybrid Organizational Arrangements: New Form or Transitional Development", *California Management Review*, Vol.30(1), pp.67 – 87.

Powell, W.(1990), "Neither Market nor Hierarchy", *Research in Organizational Behavior*, Vol.12, pp.295 – 336.

Prahalad, C. K. and Hamel, G. (1990), "The Core Competence of the Organization", *Harvard Business Review*, May – June, pp.71 – 91

Prince, Russ A.(1989), "A Relationship Management Strategy for the Middle Market", *Bank Marketing,* Vol.21(May), pp.34 – 36.

Richardson, G.B.(1972), "The Organization of Industry", *The Economic Journal*, Vol.82(September), pp.883 – 896.

Rindfleisch, Aric. and Jan B. Heide(1997), "Transaction Cost Analysis: Past, Present, and Future Applications", *Journal of Marketing*, Vol.61 (October), pp.30 – 54.

Ruekert, Robert and Orville Walker(1987), "Marketing's Interaction with Other Functional Units", *Journal of Marketing,* Vol.51(January), pp.1 – 19.

Ruhka, John C. and John E. Young(1987), "A Venture Capital Model of the Development Process for New Ventures", *Journal of Business Venture,* Vol.2, pp.167 – 184.

Rumelt, R. P., D. Schendel and D. J. Teece (1994), *Fundamental Issues in Strategy*, Harvard Business School Press, Boston, M. A.

Schein, Edgar H.(1985), *Organizational Culture and Leadership,* San Francisco, CF: Jossey Bass Publishers, p.6.

Schein, Edgar H.(1990), "Organizational Culture", *American Psychologist,* Vol.45(2), pp.109 – 119.

Schurr, Paul H. and Julie L. Ozanne(1985), "Influences on Exchange Processes: Buyers' Preconceptions of a Seller's Trustworthiness and Bargaining Toughness", *Journal of Consumer Research*, Vol.11(March), pp.939 – 953.

Scott, W. Richard(1981), "Developments in Organization Theory: 1960 – 1980", *American Behavioral Scientist*, Vol.24, pp.407 – 422.

Shelanski, Howard and Peter G. Klein(1995), "Empirical Research in Transaction Cost Economics: A Review and Assessment", *Journal of Law, Economics, and Organization,* Vol11(2), pp.335 – 361.

Sherman, Stralford(1992), "Are Strategic Alliances Working?" *Fortune*(September), pp.77 – 78.

Sheth, Jagdish N.(1994), "Towards a Theory of Relationship marketing", *Handout at the Relationship Marketing Faculty Consortium*, Center for relationship Marketing, Emory University.

Sheth, Jagdish N. and Atul Parvatiyar(1994), *Relationship Marketing: Theory, Methods, and Applications,* Proceedings of the 1994 Research Conference on Relationship Marketing, Emory University, Atlanta, GA.

Sheth, Jagdish N. and Atul Parvatiyar(1995), "Relationship Marketing in Consumer Markets: Antecedents and Consequences", *Journal of the Academy of Marketing Science,* Vol.23(Fall), pp.255 – 271.

Shumpeter, J. A.(1991), *The Theory of Economic Development*, New York, Oxford University Press.

Smith, J. Brock, and Donald W. Barclay(1997), "The Effects of Organizational Differences and Trust on the Effectiveness of Selling Partner Relationships", *Journal of Marketing*, Vol.61(January), pp.3 – 21.

Smith, Janet Kiholm and Christjohn Schnucker(1994), "An Empirical Examination of Organizational Structure: The Economics of The Factoring Decision", *Journal of Corporate Finance*, Vol.1(1), pp.119 – 138.

Solomon, Robert C.(1992), *Ethics and Excellence,* Oxford: Oxford University Press.

Spekman, Robert E.(1988), "Strategic Supplier Selection: Understanding Long – Term Buyer Relationships", *Business Horizons,* (July/August), pp.75 – 81.

Spekman, Robert E. and Wesley J. Johnston(1986), "Relationship Management: Managing the Selling and the Buying Interface", *Journal of Business Research,* Vol.14(December), pp.519 − 531.

Stalk, G., Evans, P., and Shalman, L. E. (1992), "Competing on Capabilites: the New Rules of Corporate Strategy", *Harvard Business Review*, March − April, pp.57 − 69.

Stalk, George Jr.(1988), "Time the Next Source of Competitive Advantage", *Harvard Business Review*(July − August), pp.41 − 51.

Steckel, Richard and Robin Simons(1992), *Doing Best By Doing Good: How to Use Public −Purpose Partnerships to Boost Corporate Profits and Benefit Your Community,* New York: Dutton.

Stern, Louis W., and Adel I. El − Ansary and J. R. Brown(1992), *Management in Marketing Channels,* Englewood Cliffs, New Jersey, Prentice −Hall, pp.1 − 21 and 269 − 300.

Stern, Louis W., and Torger Reve(1980), "Distribution Channels as Political Economies: A Framework for Comparative Analysis", *Journal of Marketing*, Vol.44(Summer), pp.52 − 64.

Steven, G. C.(1989), "Integrating the Supply Chains", *International Journal of Physical Distribution & Materials Management,* Vol.8(.8), pp.3 − 8.

Stone, Eugene, F.(1978), *Research Methods in Organizational Behavior,* Goodyear, p.29.

Swan, John E. and James K. Nolan.(1985), "Gaining Customer Trust: A Conceptual Guide for the Salesperson", *Journal of Personal Selling and Sales Management*, Vol.5(November), pp.39 − 48.

Teece, D. J. and G. Pisano and A. Shuen (1990). "Firm Capabilities, Resources, and the Concept of Strategy: Four Paradigms of Strategic Management", *Working Paper*, University of California, Berkeley.

Thompson. J. D.(1967), *Drganizations in Action,* New York: McGraw − Hill.

Thorelli, Hans B.(1986), "Networks: Between Markets and Hierarchies",

Strategic Management Journal, Vol.7, pp.37 – 51.

Treacy, Michael E., Jay M. Michaud, and Fred D. Wiersema(1992), "Channel Partnerships: Cooperating to Compete", *CSC Insights the Journal of Business Reengineering*, Vol.4(1), p.16.

Tucker, W. T.(1974), "Future Directions for Marketing Theory", *Journal of Marketing,* Vol.38(April), pp.30 – 35.

Uzzi, B.(1996), "The Sources and Consequences of Embeddedness For Performance of Organizations: The Network Effect", *American Sociological Review*, Vol.61. pp.674 – 698.

Uzzi, B.(1997), "Social Structure and Competition in Interfirm Networks: The Paradox of Embeddeness", *Administrative Science Quarterly*, Vol.42, pp.35 – 67.

Varadarajan, P. and Daniel Rajaratman(1986), "Symbiotic Marketing Revisited", *Journal of Marketing*, Vol.50(January), pp.7 – 17.

Venkatraman, N.(1989), "The Concept of Fit in strategy Research: Toward Verval and Statistical Correspondence", *Academy of Management Review*, Vol.14(3), p.425.

Venkatraman, N. and Camillus, J. C.(1984), "Exploring the Concept of Fit in Strategic Management", *Academy of Management Review*, Vol.9(3). pp.513 – 525.

Venkatraman, N. and Prescott J. E.(1989), "Environment – Strategy Coalignment: An Empirical Test of its Performance Implications", *Strategic Management Journal*, Vol.11(1), pp.1 – 23.

Walker, Gordon and David Weber(1984), "A Transaction Cost Approach in Make or Buy Decisions", *Administrative Science Quarterly*, Vol.29(September), pp.373 – 391.

Walker, Gordon and David Weber(1987), "Supplier Competition, Uncertainty, and Make or Buy Decision", *Academy of Management Journal*, Vol.30(3), pp.589 – 596.

Wasserman, S., and K. Faust(1994), *Social Network Analysis: Methods and Applications*. NY: Cambridge University Press.

Webster, Frederick E., Jr.(1984), *Industrial Marketing Strategy*, 2nd ed., New York: John Wiley & Sons, Inc.

Webster, Frederick E., Jr.(1991) *Industrial Marketing Strategy*, 3rd ed., New York: John Wiley & Sons, Inc.,

Webster, Frederick E., Jr.(1992), "The Changing Role of Marketing in the Corporation", *Journal of Marketing*, Vol.56(October), pp.1 − 17.

Weigelt, Keith and Colin Camerer(1988), "Reputation and Corporate Strategy: A Review of Recent Theory and Applications", *Strategic Management Journal*, Vol.9, pp.443 − 454.

Weiner, Yoash(1988), "Forms of Value Systems: A Focus on Organizational Effectiveness and Cultural Change and Maintenance", *Academy of Management Review*, Vol.13(4), pp.534 − 545.

White, Roderick E. & Richard H. Hamermesh(1981), "Toward a Model of Business Unit Performance: An Integrative Approach", *Academy of Management Review*, Vol.6, pp.213 − 223.

White, H., S. Boorman, and R. Breiger(1976), "Social Structure from Multiple Networks: I. Blockmodels of Roles and Positions", *American Journal of Sociology*, Vol.81(4), pp.730 − 780.

Williamson, Oliver E.(1975), *Markets and Hierarchies: Analysis and Antitrust Implications*, New York: The Free Press.

Williamson, Oliver E.(1979), "Transaction Cost Economics: The Governance of Contractual Relations", *Journal of Law and Economics*, Vol.22(October), pp.3 − 61.

Williamson, Oliver E.(1985), *The Economic Institutions of Capitalism*: Firms, Markets, Relational Contracting, New York: The Free Press.

Williamson, Oliver E.(1996), *The Mechanisms of Governance*, New York: The Free Press.

Wilson, David T.(1995), "An Integrated Model of Buyer－Seller Relationships", *Journal of the Academy of Marketing Science,* Vol.23(Fall), pp.335－345.

Wilson, David T., Praveen K. Soni, and Michael O'Keeffe(1995), "Modeling Customer Retention as a Relationship Problem", *Working Paper No.1995－13*, Institute for the Study of Business Markets, Pennsylvania State University, Pennsylvania Park.

Womack, James P., Daniel T. Jones, and Daniel Roos(1991), *The Machine That Changed the World,* Harper Perennial Edition. New York: Harper Collins Publishers.

Zahra, Shaker A.(1996), "Technology Strategy and New Venture Performance: A Study of Corporate Sponsored and Independent Biotechnology Venture", Journal of Business Venture, Vol.11, pp.289－321.

Zajac, Edward J. and Cyrus P. Olsen(1993), "From Transaction Cost to Transactional Value Analysis: Implication for the Study of Inter-organizational Strategies", *Journal of Management Studies*, Vol.30(1), pp.131－145.

Zald, Mayer N.(1970), "Political Economy: A Framework for Comparative Analysis", *in Power in Organizations*, Mayer N. Zald, ed., Nashville, TN: Vanderbilt University Press, pp.221－261.

Zucker, L.(1986), Production of Trust: Institutional Sources of Economic Structure, 1840－1920. In L. Cummings, and B. Staw (eds), *Research in Organizational Behavior*, Vol.8, Greenwich, CT: JAI Press. pp.53－111.

Zuckin, S., and P. DiMaggio(1990), *Structures of capital: The social organization of the Economy,* NY: Cambridge University Press.

· 저자 ·

권기대
權奇大

· 약 력 ·

연세대학교 경영학석사, 연세대학교 경영학박사
연세대, 강원대, 가톨릭대, 서경대, 용인대 출강
(현) 국립공주대학교 산업유통학과 학과장
(현) 한국학술진흥재단 사회과학분야 프로그램 매니저(PM)
(현) 농업진흥청 특화사업겸임연구관
(현) 한국기업경영학회 편집위원(등재후보지)
(현) 한국전략마케팅학회 편집위원(등재후보지)
(현) 한국경제통상학회(등재지) 이사, 한국마케팅관리학회(등재지) 이사
(현) 한국소비문화학회(등재지) 이사
(현) 한국정보통신진흥연구원(IITA) 평가위원
(전) 대구한의대 유통경영학과 교수
(전) (재)경북테크노파크 기업지원센터장
(전) 경북체신청 고객대표
(전) 한국전략마케팅학회 편집이사
(전) 대구광역시 물류정책심의위원
(전) 대구경북 중소기업청 전문위원
(전) 한국섬유산업협회 마케팅분과위원
(전) 국토연구원 자문교수
(전) 대구경실련 경제정의연구소 운영위원
(전) 대한경영학회 마케팅분과 편집위원장(등재지)
(전) 국립공주대학교 산업시스템공학과 교수(유통물류전공)

· 주요논저 ·

「벤처기업의 대기업에 대한 관계학습촉진을 통한 관계성과전략」
「벤처기업-대기업 협력유형연구」
「환경요인, 성장단계 및 조직간 협력전략」
「벤처기업-대기업 협력에 대한 실증적 연구: 의존성, 권력, 신뢰를 중심으로」
「공급사슬에서 안경테 기업간 관계적 특징과 협력이 성과에 미치는 영향」
「친환경농산물 구매자의 브랜드선호 유형 및 라이프스타일분석」
「유통경로상 구매자-판매자 협력에 대한 관계결속의 프로세스적 접근」
「공급체인상의 조직간 관계적 특징이 신뢰에 미치는 영향」
「벤처기업의 환경요인과 성장단계에 따른 벤처기업-대기업의 협력유형 연구」
『조직간 협력연구』(2007, 한국학술정보)
『뉴-마케팅』(2007, 삼우사)
『농산물마케팅전략』(2006, 삼우사)
『전통곡류식품』(공저, 2006, 보성)
『경영학』(2005, 삼우사)
『인터넷마케팅』(공저, 2003, 삼우사)
외 다수

벤처기업!

대기업과 손을 잡아라!

• 초판 인쇄	2008년 7월 10일
• 초판 발행	2008년 7월 10일
• 지 은 이	권기대
• 펴 낸 이	채종준
• 펴 낸 곳	한국학술정보㈜
	경기도 파주시 교하읍 문발리 513-5
	파주출판문화정보산업단지
	전화 031) 908-3181(대표) · 팩스 031) 908-3189
	홈페이지 http://www.kstudy.com
	e-mail(출판사업부) publish@kstudy.com
• 등 록	제일산-115호(2000. 6. 19)
• 가 격	14,000원

ISBN 978-89-534-9673-6 93320 (Paper Book)
978-89-534-9674-3 98320 (e-Book)